KB064198

공포의 철학

공포의 철학

©유서연

초판 1쇄 펴낸날 2017년 12월 30일

지은이 유서연
펴낸이 이건복
펴낸곳 도서출판 동녘

전무 정낙윤
주간 곽종구
책임편집 최미혜
편집 구형민 이환희 사공영 김은우
미술 조정윤
영업 김진규 조현수
관리 서숙희 장하나

인쇄·제본 영신사 **라미네이팅** 북웨어 **종이** 한서지업사

등록 제311-1980-01호 1980년 3월 25일
주소 (10881) 경기도 파주시 회동길 77-26
전화 영업 031-955-3000 편집 031-955-3005 **전송** 031-955-3009
블로그 www.dongnyok.com **전자우편** editor@dongnyok.com

ISBN 978-89-7297-909-8 03100

공포의 철학

**타자가 지옥이 된
시대를 살다**

유서연 지음

동녘

머리말

내가 '공포'라는 주제에 몰두해 이 책의 1부와 2부를 썼던 때가 2015년이었다. 3부를 제외하고 이 원고는 2년간 잠들어 있던 셈이다. 그 2년 동안 사회적으로 너무나 많은 일들이 일어나고 변화하기도 했지만 타인에 대한 공포와 그에 수반되는 혐오의 정서는 사그러들지 않고 더 심화되고 있는 것만 같다.

나는 어릴 때부터 겁이 많고 걱정이 많은 아이였다. 초등학교 때 학교에 가면 좀 덜떨어져 보인다는 이유로 학교에서 가장 폭력적인 말썽쟁이 남자애의 짝이 되어서 날마다, 아니 시시각각 호되게 당하는 것도 무서웠고, 도대체 무슨 이유인지는 알 수 없으나 같은 반 여자아이가 지독할 정도로 왕따를 당하는 광경을 목격해야 하는 것도 무서웠다. 어린 마음에도 이러한 상황이 부정의하다는 건 어렴풋이 느끼고 있었지만 집단 앞에서 무기력했던 나는 내가 당하는 피해도 남이 당하는 피해도 그냥 묵묵히 견뎌냈던 것 같다. 왕따를 당하던 아이는 너무나 멀쩡해 보였는데 아이들은 온갖 트집을 잡아 그 아이를 '비정상'으로 몰아갔다. 땅에 떨어진 사탕을 주워먹는다더라, 지저분하고 냄새가 난다더라 등등 요즘 식으로 치면 그 아이를 벌레 '충'으로 몰아갔다. 내가 저 아이 편을 드는 순간, 삐끗 잘못하면 저들에 의해 비정상적인 '충'이 되겠구나라는 공포심에 나는 떨었다.

성인이 되어서 비슷한 종류의 공포감이 폭발해나오는 순간들이 있었다. 내가 조금이라도 이상해 보이면 어쩌나라는 생각에 병이 와도 아픈티를 내지 않기 위해서 노력했다. 나는 자율적이고 독립적인 인간과는 거리가 멀었지만 그 허상을 붙잡고 최대한 '정상인' 퍼포먼스를 하며 약하게나마 이어져 있는 사회적 관계의 끈을 놓지 않으려 노력했다. 이미 몇차례의 경험을 통해 낙인찍힘과 그로 인한 사회적 고립이 얼마나 무서운 것인지 체험했으므로 나의 정상인 퍼포먼스의 저변에는 항상 이러한 공포와 두려움이 있었던 것 같다.

지금 현시대의 모습은 내가 10대, 20대, 그리고 30대 젊은 시절 겪었던 사회적 지형과는 또 많이 변한 것 같다. 어린 시절 내가 목도했던 특정인이나 사회적인 주변인에 대한 낙인과 혐오는 거의 대부분의 사람들에게까지 확산되고 있다. 나와 조금만 맞지 않아도 나와 다른 타인이나 집단에게 낙인을 찍고 온갖 '충'이라는 접미사를 붙여 폄하하고 비하하고, 서로에 대한 온갖 혐오의 언어가 온라인 커뮤니티 게시판이나 포털 사이트 댓글에 범람한다. 이러한 사회 속에서 진정한 '정상인'이라는 것은 존재하지 않는 것 같다. 아니, 애초에 '정상적'이라는 범주나 규범이라는 것이 작동한 적이 있었는지조차 가물거린다. 모두가 모두에게 적 혹은 벌레가 되는 시대 속에서 사르트르식으로 언명하자면 "타자는 나의 지옥"이 되고, 서로가 서로에 대한 혐오감이 이 시대를 대표하는 정서가 된다. 이 혐오의 내면에 뿌리 깊게 자리 잡고 있는 정서는 다름 아닌 '공포'다. 무한경쟁이 가속화된 사회 속에서 내 몫을 빼앗길지도 모르고 조금만 실수해도 미끄러져 낙오한 루저가 될지도 모른다는 공포감은 나보다 취약해 보이거나 혹은 나의 것을 빼앗아갈지도 모르거나 잠재적으로 내게 불이익을 줄 수도 있는 타자들에 대한 혐오를 낳는다.

낙오자가 될지도 모른다는 공포, 더 근원적으로 말하자면 죽음에 대한 공포는 희생자가 아니라 악행자가 되고자 하는 경향을 불러일으키고, 타자에게 행해지는 갖가지 악의 근본이 되는 정서가 된다. 악은 두려움을 체험하는 것이며, 악행이란 타자를 상처입힘으로써 타자가 자신을 두려워하도록 만들면서 자신은 그러한 공포와 두려움으로부터 벗어나는 행위다. 이러한 맥락에서 볼 때, 공포, 혐오, 악, 이 세 가지는 태생상이 같은 세쌍둥이라고 할 수 있다.

최소한의 인간적인 품위를 갖추고 살기가 지독하게 힘들어지는 이 시대, 우리의 내면에서 낯선 형태로 자리 잡고 있는 공포와 그것이 극대화되어 악으로 전환되는 사회 분위기 속에서 우리는 어떤 틀과 관점으로 타자에게 접근할 수 있을까? 우리는 어떤 관점에서 인간이 태생적으로 타고 난 죽음과 노화에 대한 공포를 바라볼 것이며, 늙고 병들고 죽어가는 성별화된 신체라는 인간의 조건과 숙명 앞에서 선택할 수 있는 윤리와 미학은 무엇인가?

이러한 물음 속에서 나는 공포에 대한 철학적인 접근을 해보고 싶었다. 이 시대야말로 공포의 문제에 대한 근원적인 천착을 통해 현재, 우리의 행태에 대한 성찰과 돌아봄이 필요하지 않을까라는 문제의식에서 출발했다. 이러한 접근을 통해서 범람하는 공포와 혐오의 한편에서 가능할 수 있는 인간의 성별화된 조건과 신체성, 그리고 타자의 문제를 새로운 프리즘으로 살펴보고자 하는 것이 이 책의 의도이다.

공포와 혐오의 정서가 너무 만연해서, 옛날 사람들의 '좋은 소리'가 가치절하되고 해답도 될 수 없는 시대라는 것을 뼈저리게 느끼고 있다. 그러나 결국은 지나간 시대의 사람들이 공포에 대해서 선행적으로 체험하고 집필한 이제는 '고전'이 된 책들이 내게는 많은 위안이 되었다. 이 책이 여전히 공포 속에서 전율해야 하는 사람들에게 아주 작은 위안이나마 되길 소망한다.

마지막으로 만 2년간 잠들어 있었던 원고를 흔쾌히 받아주신 동녘 출판사와 최미혜 편집자님께 깊은 감사를 드린다.

2017년 12월

유서연

차례

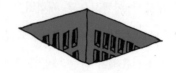

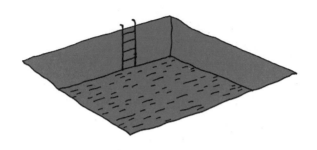

2부 공포와 혐오, 그리고 악의 소용돌이 속에서

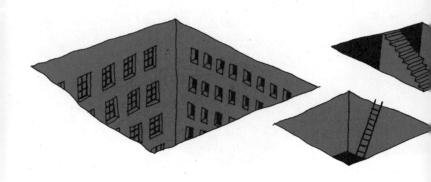

3부 공포와 미학

1부

공포가 철학을 만나는 시간

프롤로그: 죽음, 그 가장 원초적인 공포에 대하여

그러니까 지금 내 상황을 요약하면 다음과 같다. 뜨거운 지옥 불에 떨어지기 일보 직전 하늘에서 나를 어여삐 여겨 동아줄을 내려줘서 급한 마음에 덥석 잡았는데 이 동아줄이 사실 썩은 동아줄이었더라…. 그런데 발밑에 헬게이트가 열리고 있는 상황인지라 그나마 좀 덜 썩은 동아줄이기를 염원하며 매달려 있는 상태. 더 이상 후회도 한도 없기에 그 끝에 천국 문은 결코 열리지 않으리란 걸 알면서도 위로 올라가보련다. 갑자기 동아줄이 뚝 끊겨 지옥 불로 떨어져도 하는 수 없다. 예전엔 내가 선택할 수 있는 경우의 수가 꽤 있다고 착각하던 시절도 있었으나, 실은 인생에서 내가 선택할 수 있는 게 거의 없다는 것을 깨달았다. 그렇다면 지옥 불에 떨어질 시간을 조금 유예하며 맛난 음식, 달콤한 술, 세상의 재미난 오락과 여가 생활을 그나마 편안한 사람들과 향유하는 것이 뭐 나쁠까. 유한한 자의 불안과 공포를 잠시나마 잊고 나도 향유할 권리가 있다.

문제는 이 세상에 노예로 태어난 나는 향유할 수 있는 돈이 없다는 것이다.

나는 지금 막 시급 6,470원 짜리 아르바이트를 그만 둔 상태다. 현재 이 땅의 대부분의 사람들이 그렇듯이 나는 선주에게 제발 노예선에 태워달라고 간청했고 노예 중에서도 가장 하급 노예로 6개월 동안 허드렛일을 했다. 그러나 6개월 동안 결코 통장 잔고는 늘어난 적이 없다.

아르바이트를 그만둔 내가 처음으로 갈 곳은 다름 아닌 상갓집이다. 친구의 누나가 죽었다. 초등학생 딸이 한 명 있고 남편이 있다. 친구의 누나는 아직 채 마흔도 되지 않은 젊은 나이에 폐암으로 죽었다 한다. 살아생전 담배를 피우지 않았어도 유전되는 가족력이 있다. 잠시 집에 들러 검은색 상의와 바지를 찾아내 구김이 없는지 한 번 살펴본 후 이 정도면 되겠지 하는 생각으로 병원 장례식장으로 발걸음을 옮겼다. 장례식장 입구에는 친절하게 현금 인출기가 있다. 체크카드를 넣어 오늘 받은 마지막 급여에서 5만 원을 인출한다. 5만 원이면 1주일 가량을 버틸 수 있는 돈이기에 조금 망설이다가 그냥 인출해 버린다. 다음 달엔 또 어떻게든 되겠지 하는 심정이다.

장례식장에 들어서니 화환으로 뒤덮인 가운데 영정 속 누나는 환히 웃고 있다. 절을 하다가 문득 생각을 한다. 이렇듯 젊은 나이에 떠나는 이가 있는데 나라고 예외일 수 있을까? 1여 년 전 일이 문득 떠오른다. 나는 서울 시내에서 배달을 하느라 오토바이를 몰고 있었다. 조금씩 내리기 시작해 아스팔트로 스며든 빗물에 동체가 미끄러질 것만 같았다. 순간 오토바이가 헛바퀴를 도는 듯했고, 나는 그대로 아스팔트 바닥으로 고꾸라질 것 같았다. 어디서부터 올라오는지 모를 뇌성과 같은 소름이 머리끝에서 발끝까지 한순간에 쭉 돋으며 그 벼락이 지나간 곳이 찌릿하게 너무 아팠다. 다행히 다음 순간 나는 핸들을 잡으며 오토바이 바퀴를 다시 바닥에 붙였다. 찰나였지만 갑자기 삶이 끝장날 것 공포가 온몸을 휘감는 순간이었다.

이렇듯 곧 삶이 끝장날 것 같은 두려움은 드물게 겪는다. 그러나 죽음이 바로 코앞에 있는 상황도 아닌데 갑자기 불안이 엄습해오는 경우가 종종 있다. 바로 지금과 같은 순간, 영정 속에서 환히 웃고 있는 한 청춘과도 같은 여인을 보고 뒤돌아서는 순간, 나는 뭔지 모를 '섬뜩함'을 느낀다. 이렇게 갑자기 엄습해오는 불안한 기분은 그리 낯설지 않다. 여덟 살 때 할아버지의 죽음을 겪으면서 시작된 죽음이란 무엇인지, 사람들은 모두 죽을 수밖에 없는 것인지 드는 의문은 그때부터 나를 종종 고통스럽게 했다. 그렇다. 나는 알고 싶었다. 지구를 거쳐간 모든 사람이 숙명처럼 맞이했던 종말,

그러나 그 누구의 증언도 들을 수 없는 체험을. 그 마지막
순간을.

물론 내 죽음 불안에 대해 에피쿠로스처럼 다음과 같이
반문할 수도 있다. "내가 존재할 때 죽음은 존재하지 않고,
죽음이 존재할 때 나는 존재하지 않는다. 그런데 왜 죽음을
두려워하는가?" 그러나 이러한 철학자의 반문은 내가 지니
고 있는 멸절에 대한 공포를 설명할 수 없는 수사학적 유희
다. 죽는다는 것은 나라고 불리는 것, 즉 한 개체로서의 내
사고, 자아 정체성, 영혼이 완전히 끝나는 것에 대한 공포를
불러일으킨다. 내 앞에서 환희 웃는 누나를 규정짓던 모든
것이 어디로 가는지에 대해 그 누가 설명해줄 수 있단 말인
가? 육체와 정신 중에 육체는 영안실 어딘가에 냉동되어 있
다가 곧 화장터에서 재로 변하게 된다는 정도만 알지, 누나
의 영혼이 어디로 사라지는지 그 누가 알 수 있단 말인가?
아이에 대한 희망, 곧잘 절망스런 상태로 빠지며 늘어나던
가계의 부채, 점점 대화가 단절되어 가던 남편에 대한 서운
함, 그러나 어떻게든 살기 위해 이 일 저 일 마다하지 않던
그녀의 고통받던 심신. 그 마음의 고통과 병에 걸린 육체에
서 이제 해방되었으니 우리는 축복을 하고 축하주를 마셔
야 옳은 게 아닐까?

지금 내 앞에서 옛 친구들과 테이블에 삼삼오오 모여 앉은 그녀의 지인들은 그녀의 삶 마지막 순간들이 얼마나 고통스러웠는지, 그리고 떠나는 순간까지도 걱정해야 했던 가족 앞에 남겨진 빚과 남편의 무능함과 무책임함, 앞으로 눈칫밥을 먹고 자라야 할 딸의 미래로 인해 편히 눈감지 못했다고 조심스레 얘기하고 있다. 어쨌든 누나의 죽음을 통해 우리 모두는 다시 한 번 그때가 조금 늦을 뿐이지 우리 모두 그 길을 따라가리라는 걸 확인한다. 그러나 그 죽음은 아직은 우리의 것이 아니다. 그때가 언제 올지 모르지만 지금 우리는 '죽음'이 주는 추상적인 공포보다는 아파트 대출금, 카드 빚, 결혼, 아이의 탄생과 더불어 더욱 옥죄어 오는 노동의 고통과 생활고, 그리고 이 노예선에서조차 밀려나면 어디 빌어먹을 데도 없는 신세에서 오는 생활의 공포가 너무나 크다. 그리고 나. 나는 무엇을 하는 건가? 다니던 직장을 건강상의 문제로 그만둔 이후로 잡다한 알바를 하며 생활을 연명하는 나는, 노예선에 승선하지 못하고 이리저리 남들이 흘리는 빵부스러기나 주워 먹고 다니는 짐승이다. 어떻게 살아야 하나, 라는 화두가 떠오르면 숨이 막히곤 한다. 차라리 죽고 싶다. 차라리 죽은 누나가 부럽다.

　갑자기 한 사람이 들어온다. 그것도 웃으면서 내가 앉아 있는 테이블로. 학창시절 때 마당발과 유난스런 오지랖으로 유명했던 친구다. 그가 앉으니 테이블의 분위기가 환해졌다. 그는 친구들에게 근황을 묻기 시작한다. 아이 돌잔치를 치르고 둘째를 가진 친구 이야기, 곧 결혼할 친구 이야기, 그러다가 자동차 이야기로 화제가 흘러간다…. 여자 얘기가 나온다…. 이런저런 잡담을 나누며 우리는 우리가 빠져 있는 이 친숙한 세계의 일상으로 다시 돌아온다. 그렇다. 죽음은 우리에게 너무나 멀리 있다. 아직은 때가 아니다. 안심을 해도 좋다. 누구도 알 수 없는 그 마지막 순간이 나를 덮쳐오기 전까지는.

1장 불확실한 세계에 대한 공포

당신은 언제 가장 공포를 느끼는가? 공포를 유발하는 여러 가지 대상과 상황이 있겠지만, 공포를 느끼게 되는 가장 친숙한 경우를 한번 생각해보자. 당신은 지금 칠흑같이 어두운 산길을 걷고 있다. 어두운 수풀 속에서 무엇인가가 튀어나와 얼굴을 강타할 것 같기도 하고, 갑자기 뒤쪽에서 도깨비가 나타나 뒷머리를 후려칠 것 같기도 하다. 숨이 가빠지고 오싹함에 몸을 떨며, 뒷목과 등허리로 전율이 흘러내린다. 빨리 이곳을 벗어나 안전한 민가의 불빛을 따라 마을로 가고 싶다. 이는 인간이 공포를 느끼는 경우의 고전적인 예다. 어둠에 대한 공포는 죽음에 대한 공포와 더불어 선사시대 때부터 인류에게 내재된 가장 근원적이고 원초적인 공포일 것이다. 성경에서도 조물주가 창조의 첫째날 행한 것이 빛과 어둠을 가른 것 아니었던가? 모든 생명의 근본이라 할 수 있는 태양빛 아래, 시야에 펼쳐지는 것들을 통제할 수 있는 낮과는 달리 어둠은 사람을 해칠 수 있는 동물이나 사람의 습격을 가릴 수 있다. 무엇이 튀어나와 나를 해칠지 모른다. 만일 누군가 우리에게 가장 편안하고 안전한 공간인 집이나 그 근처가 아니라 낯설고 위험해 보이는 미지의 공간에서 짙게 어둠이 내린 밤을 맞이한다면 왠지 모를 공포와 공포의 쌍둥이인 불안은 증폭될 것이다.

고대 그리스인들은 이러한 낯선 동떨어진 장소에서 느끼는 어둠의 공포를 그리스의 목양신인 판Pan을 통해 그려내고 있다. 판은 양떼나 양치기들의 신으로 산이나 골짜기를 누비며 사냥을 하는 신인데[1] 그의 특징 중 하나가 무시무시한 호색한이라는 것이다. 어둠이 내린 밤길은 특히 처녀들에게 많은 공포를 불러일으킨다. 불빛과 사람이 있는 도회지에서 멀찍이 떨어진 짙은 숲길이나 인적이 드문 길에서 어떤 사람이 튀어나와 자신을 덮칠지도 모른다는 공포를 한 번쯤 경험해봤음직 할 것이다. 그리스 신화에서 종종 묘사되는 강간 신화는 판에 이르러 정점을 찍는다. 물의 요정 시링크스는 호색한 판의 끈덕진 구애를 피해 달아나다가 자매의 도움으로 갈대로 변한다. 판은 시링크스가 변한 이 갈대를 꺾어 일곱 조각의 팬플루트로 만들었다. 이 강간 신화는 에코Umberto Eco의 경우 더 잔혹하게 변한다. 어떤 남성의 사랑도 받아들이려 하지 않고 경멸하는 요정 에코에 분노한 판은 그녀를 갈가리 찢어 죽인다.

판의 분노는 젊은 여성들에게만 국한되지 않았다. 짙고 어둡고 고립된 숲속에서 낮잠을 방해받은 판은 고함을 치는데, 이것이 사람들로 하여금 극심한 공포panic를 불러 일으켰다고 한다. 우리가 흔히 '패닉 상태'라고 부르는 급작스러운 극심한 공포, 즉 현대인들에게 돌발적으로 나타날 수 있는 '갑작스럽고 압도적인 공포' 상태인 공황 상황은 여기서 유래한 것이다.

판이 불러일으키는 공포에서도 드러나듯이, 어둠에 대한 공포만큼이나 사람들에게 공포를 유발하는 것은 바로 '외로이 고립된 낯선 장소'에 있을 때다. 그린란드의 에스키모인들이 경험했던 '카약 불안'은 이러한 공포가 다른 전통적인 문화권에서도 나타날 수 있는 양상임을 보여준다. 1750년 파울 에게데Paul Egede는 처음으로 카약 불안에 대해 "바다나 심연에 맞부딪쳤을 때의 공포"라고 사전적으로 정의 내린다. 이것은 안전하지 않은 얼음을 걷을 때 얼음이 깨질 수 있다는 공포 혹은 거친 바다 안의 보트 속에 있을 때의 공포를 표현하기도 한다. 7년 동안 그린란드를 여행했던 광물학자인 지세케Giesecke은 1807년, 일기에 그가 보았던 특이한 현상을 기술한다. 그는 한 에스키모 남자를 거쳐 지나갔는데, 에스키모 남자는 현기증 때문에 카약 밖으로 나가지를 못했다. 후에 이러한 '카약 불안' 증상에는 두통, 격렬한 이명, 두근거림, 손떨림, 그리고 "카약 안에서의 현기증"등이 추가된다. 그 당시 서구인들의 시각에서 에스키모인들의 카약 불안 증상이 매우 독특하게 여겨졌는지는 모르겠지만, 카약 안에서 느끼는 공포와 불안의 양상은 오늘날 서구의 정신의학이 꼬리표를 붙이는 수많은 공포증이나 공황발작 증상과 크게 다르지 않다. 광활한 바다 혹은 그 끝을 알 수 없는 장소에서 거대한 심연과 홀로 마주할 때 느끼는 공포와 전율은 아마도 인간에게 내재한 근본적인 정서의 한 유형일 것이다.

일반적으로 '공포', 특히 어둠에 대한 공포라든지 미지의 세계에 대한 공포라는 주제는 철학보다는 문학과 예술에서 더 생생하게 구현된다. 모파상의《밤: 악몽》은 아무 것도 보이지 않는 칠흙 같은 어둠이 자아내는 공포에 대해서 서술하고 있다. 그는 단편소설 〈공포〉에서 이미 촉감이 느껴지지도 않고 보이지도 않는 대상 없는 공포, 마음의 착란이 만들어내는 무시무시한 상상과 환영이 주는 공포에 대해 서술했다. 어린 시절부터 앓아왔던 신경증으로 인해 모파상은 실체 없는 공포의 존재에 대해 누구보다도 예민하게 알아채고 반응했던 듯 싶다. 이 소설의 주인공은 어둠과 인공적인 불빛이 공존하는 도회지의 밤을 사랑해서 파리에서의 밤산책을 즐겼다. 어느 날 그는 파리 시내 바스티유 광장에서 길을 잃고 방향 감각을 상실한 채 완전한 어둠과 대면한다. 주변의 집집마다 다니며 문고리를 세차게 두들겨보지만 어느 곳에서도 인기척이 느껴지지 않는다.

> "이젠 아무것도, 정말 아무것도 없었다. 이 도시에는 살아 움직이는 미세한 떨림도, 한줄기 빛도, 대기중에서 스치는 소리조차 없었다. 아무것도 없었다! 아무것도! 멀리서 들리던 마차 소리조차 없었다, 정말이지 아무것도!"[2]

암흑 속에서 부유하던 주인공은 결국 센 강에서 보이지 않는 힘에 이끌려 차가운, 차디찬, 거의 얼음 같은, 거의 죽어버린 강물로 걸어간다.

> "나는 깨달았다. 내겐 다시 올라갈 힘이 없다는 것을… 그리고 나 또한… 여기서 추위와… 굶주림과… 피로로… 죽게 되리라는 것을."[3]

이러한 묘사는 소설가로서 성공가도를 달리던 30대에 시력을 상실해가면서 모파상이 대면했던 공포감과 자신의 죽음에 대한 예기를 반영한다. 어둠의 공포, 그것은 보이지 않는 것에 대한 공포이자, 이성의 언어로 포착할 수 없는 불확실한 세계에 대한 공포다. 우리는 늘 알 수 없는 미지의 대상에 대해 공포감을 갖지만, 그 대상의 실체에 대해 어느 정도 파악하면 공포감은 사라지고 익숙함에 물들게 된다. 그리고 이러한 익숙함과 편안함을 통해 그것은 일상 세계로 들어오게 된다.

어둠과 결합된 미지의 세계에 대한 공포는 현대의 공포소설과 공포영화에 지대한 영향을 끼친 러브크래프트H. P. Lovecraft의 소설의 단골 소재이기도 하다. 그의 단편소설 〈에리히 잔의 연주〉에 등장하는 공포가 이렇다. 형이상학을 전공하는 가난한 주인공 청년은 오제이유가에 위치한 하숙집 다락방에서 나는 기괴한 연주를 우연히 듣는다. 그 소리의 주인공은 에리히 잔이라는 늙은 비올라 연주자다. 그가 사는 다락방은 길 끝을 가로막은 담벼락 너머의 경치가 한눈에 내려다 보인다고 하는데, 청년은 그 담벼락 너머로 펼쳐져 있는 도시의 풍경들을 보고 싶다는 충동에 휩싸인다. 어느 날 밤 찢어질듯한 비올라 소리에 다락방에 가보니 에리히 잔은 공포에 사로잡혀 연주를 하고 있었고, 청년은 창문 너머 펼쳐진 도시 풍경을 보고 싶어 비바람에 얼룩진 창문을 열고 밖을 향해 고개를 내밀었다.

> "그런데 그 너머엔 아무것도 없었다. 도시도 없었고, 거리들을 밝히는 친숙한 가로등 불빛도 없었다. 오로지 한도 끝도 없는 어둠뿐, 그곳은 온갖 움직임과 음악으로 소용돌이치는, 지상 어디에도 존재하지 않을 법한 미지의 우주였다. 내가 공포에 질린 채 우두커니 서 있을 때 방안의 촛불들마저 바람에 모두 꺼져버려, 내 옆에는 견고하고도 무지막지한 어둠만이 남아 아우성쳤다. 뒤에서는 여전히 비올라 소리가 악마처럼 울부짖고 있었다."[4]

미지의 대상에 대한 호기심은 그 너머에 어떤 실체가 존재한다고 생각하게 만들지만, 막상 베일을 벗겼을 때 아가리를 드러낸 어둠의 심연 외에 아무 것도 없다는 사실을 발견할 때의 공포와 전율만큼 무서운 것이 또 있을까?

어두운 밤하늘을 밝히는 수많은 별들을 바라본 적이 있는가? 고대인들은 별의 이동을 좇아 미래를 점칠 수 있는 점성술을 만들어냈고, 이것이 현대의 천문학 시초가 된다.

1990년에 쏘아올린 허블 망원경 덕분에 우리는 130억 광년의 원시 우주의 모습을 포착할 수 있었으며, 우주가 점점 더 빨리 팽창하고 있다는 사실도 알게 되었다. 이것은 우주가 시작이 있었듯이 그 종말을 맞이할 수도 있다는 이론에 대한 반증이기도 하다. 물론 이것도 하나의 가설일 뿐 우주가 시작과 끝이 있는 유한한 실체인지, 아니면 우리의 감각과 이성으로는 표상할 수 없는 영원하고 무한한 대상인지는 알 수가 없는 일이다. 압도적으로 큰 것은 공포와 전율을 불러일으킨다. 만일 우주가 유한하다고 가정한다 하더라도 이 거대한 공간을 마주했을 때 우리는 공포감 혹은 이것이 어디서 연유한 것인지 알 수 없는 묘한 오싹함을 느낄 수 있다. 130억 광년 떨어진 아기 우주의 모습을 포착할 수 있다 하더라도 그것은 지금까지의 기술력으로 포착할 수 있는 가장 먼 거리의 우주 모습일 뿐, 그것이 우주의 끝인지 아니면 그 너머에 더 거대한 우주들이 다중적으로 겹쳐 있는지 알수가 없다. 지구와 태양계가 우리 은하에 속하는 것과 마찬가지로, 실은 우리가 관측하는 이 우주도 수많은 우주 중의 하나인 '우리 우주'에 지나지 않은 것일 수도 있다. 아직 우주는 완결된 전체가 아니며, 더 큰 것으로 확장될 수 있다. 그 안에서 우리가 마주하는 것은 과학으로 측정 불가능한 그 무엇이다. 그것은 우리 앞에 또아리를 틀고 있는 거대한 어둠과 같은 심연이다. 그 심연 속에서 유한한 인간은 질식할 것만 같은 무서움과 전율을 느낄 수 있다.

어둠에 대한 공포, 낯선 고립된 공간에서의 공포, 미지의 것에 대한 공포, 거대한 자연과 우주 앞에서의 공포, 이 외에도 여러분이 공포를 느끼는 여러 가지 순간들이 있을 것이다. 그런데 이 모든 공포 중에서도 가장 원초적인 공포는 죽음에 대한 공포다. 나는 지금 열한 살 난 여자아이가 처음으로 맞부딪친 기이한 느낌을 잊을 수가 없다. 시골에서 가게를 하시는 외할머니 댁에 갔을 때의 일이다. 나는 식구들이 모여 있는 방에서 나와 가게로 나왔다. 유리창을 통해 들어온 햇살은 고요하게 바닥으로 가라앉았고 나는 홀로 이 세상에 던져진 느낌, 태어나서 처음 느껴보는 괴이하고 고독한 순간에 덮쳐오는 공포를 느꼈다. 그것이 내가 처음으로 느낀 유한자로서 갖는 고독과 공포였다. 유한자로서의 의식은 내 시작이 정해졌듯이 내게 주어진 이 유한한 시간 속에서 끝도 정해져 있다는 자각과 함께 죽음에의 공포를 불러일으켰다. 그것은 어느 날 갑자기 내게 덮쳐온 괴이한 공포였다.

바우만Zygmunt Bauman에 따르면 죽음은 모든 생명체에게 영원히 불가해한 것이다. 모든 불가사의 중에서도 가장 불가사의한 것이 죽음이다. 그에 따르면 이 원초적 공포로서의 죽음에 대한 공포는 진화의 과정 중에 인간을 포함한 모든 동물의 생존 본능에 아로새겨진 것이지만, 오직 "우리, 인간만이, 죽음의 불가피성을 인식하고 있다." "우리는 예외 없이 유한히 살 수밖에 없다는 사실을. 의식 있는 존재 가운데 우리 인간만이 평생 그 사실을 인식한 채로 살아간다."[5] 그는 죽음이 원초적 공포이며 모든 공포의 원천이라 주장한다. 세상의 모든 공포가 이 공포에서 의미를 빌렸기 때문에 죽음에의 공포는 '메타 위험'이라는 것이다.

인간만이 죽음과 유한성을 의식한다는 바우만의 주장은 기존의 실존철학자들의 견해를 포함해 인간의 죽음을 다룬 고전적 견해다. 인간만이 실존을 갖는다는 실존철학자들의 주장과는 달리, 동물도 죽음에의 공포 뿐만 아니라 유한성을 인식하는지 아닌지에 대해서는 확인할 바가 없다. 다만 동물이 인간과 마찬가지로 유한한 존재로서 죽음 앞에 설 때의 불안과 자유가 정교한 형태로 드러나지 않는다는 것 정도로 정리하기로 하자. 여기서 인간이 갖는 죽음에의 공포는 내가 갖는 의식의 동일성, 자기정체성이 무화된다는 멸절에의 공포, 의식이 빠져나간 텅 비어 있는 존재로의 이행을 두려워함에 다름 아니다. 이러한 논의와 함께 죽음에의 공포라는 주제는 1부 3장에서 죽음 불안과 관련시켜 더 자세하게 살펴볼 것이다.

2장 공포란 무엇인가?: 공포에 대한 철학적 해석

공포란 무엇인가? 공포는 라틴어 '안구스투스angustus'에서 유래하는 압박 또는 구속성을 의미한다. "사람들은 공포를 느끼면 심장이 뛰고 머리카락이 곤두서게 되며 공포증에 의해 삶의 제한 또는 속박성을 경험하며" 자극적인 느낌을 갖게 된다.[6] 그러나 위에 서술한 공포를 느낄 때의 물리적인 신체 현상이 공포에 대해 결코 모든 걸 말해주지 않는다. 스벤젠Lars Fr. H. Svendsen은 《공포철학A Philosophy of Fear》에서 보다 철학적인 시각에서 공포라는 인간의 정서에 대해 접근한다. 그는 공포를 자존심, 시기, 사랑과 같이, 외부에서 보여지는 행동으로 표현되는 정서의 일종으로 정의내린다.

러브크래프트가 말했듯이 "가장 오래되고 강한 인간의 정서는 공포다. 그리고 가장 오래되고 가장 강한 종류의 공포는 미지에 대한 공포다."[7] 인간이 느끼는 공포가 가장 오래되고 강한 정서인 이유는 인간의 공포가 동물과 마찬가지로 위험이나 위협적인 상황에서 이 상황을 모면하기 위해 보내는 일종의 신호이기 때문이다. 물론 인간의 공포는 동물의 공포와는 달리 생화학적 신체 작용으로 파악될 수는 없다. 스벤젠은 정서란 생물학적, 생리학적, 사회적, 규약적 측면 모두가 얽혀 있는 것으로 본다. 비록 정서가 의심할 여지없이 생물학적 기반을 갖는다 하더라도 그것은 또한 개인적 경험과 사회적 규범에 의해 형성되는 사회적 구성물이라는 것이다.

생물학적, 생리학적으로 인간의 정서 생활에 접근해 그것의 '동물적' 측면만 강조한다면 인간의 정서가 갖는 미스테리를 풀기가 어렵다. 이러한 접근 방식으로 보면 공포에 직면해 나타나는 신체적 반응, 즉 호흡과 심장박동이 빨라지고 모든 움직임이 얼어붙는 현상은 쥐와 인간에게 유사한 생리학적 반응이다. 그렇다면 인간의 공포와 쥐의 공포는 같은 것일까? 스벤젠은 이 지점에서 쥐에게 공포는 즉각적인 비인지적 실체인 반면 인간에게 공포는 인지적이라고 주장한다. 인간은 다른 동물들이 소유하지 못한 언어적이고 상징적인 원천을 지니기 때문에 상징을 통해 한 대상을 다른 대상으로 대체할 수 있다. 이러한 맥락에서 스벤젠은 인간이 상징적 동물animal symbolicum이기 때문에, 인간이 느끼는 공포가 "다른 동물들이 느낄 수 있는 공포보다 더 거대한 영역을" 가지며, "모든 대상을 두려워할 수" 있다고 주장한다.[8] 인간은 셀 수 없을 만큼 많은 상상적 위험을 만든다.

스벤젠은 공포가 항상 무엇무엇에 관한 공포이며, 대상을 향해 있다는 점에서 지향적이라고 해석한다. "공포는 항상 지향적 대상을 갖는다. 그것은 항상 어떤 것을 향해 있다. 우리는 그러한 대상 없이 공포를 다룰 수 없다. 그렇지 않다면 단지 가슴 두근거림, 가쁜 호흡, 떨림만이 있을 것이다. 공포는 이러한 신체적 상태 이상의 그 무엇이며, 이러한 그 '이상의 것'은 지향적 대상을 지칭한다."[9] 공포가 화, 슬픔, 기쁨과 구별되는 것은 그 대상을 어떤 상황에서 어떻게 해석하는가에 따라 달라진다. 하나 혹은 동일한 대상이 모든 이름 붙여진 정서들을 불러일으키는 방식으로 해석될 수 있다. 만일 내가 그 대상을 위협으로 해석한다면 나는 공포를 느낄 것이고, 반면 그것을 성가시다고 해석한다면 화가 날 수 있을 것이다. 이처럼 공포의 정서는 쉽게 피할 수 없다고 믿어지는 위협이나 위험한 대상을 지각하는 것과 관련된다.

공포와 불안은 모두 위험의 관념을 포함하는, 서로 밀접하게 연관된 정서 상태다. 양자의 고전적인 차이는 어떤 대상을 향하고 있는가 그렇지 않은가에 따라 나뉜다. 다시 어둠 속의 공포로 되돌아가보자. 어떤 아이가 자신의 방에서 이불을 뒤집어쓰고 귀신이 나올까 봐 겁내고 있다. 그가 두려워하는 것은 저녁에 시청했던 호러 무비에 등장하는 피 흘리는 기괴한 귀신의 형상일 수도 있다. 이처럼 공포의 대상은 꼭 실재하지 않더라도 대상을 지니고 있다. 또한 인적이 드문 밤길을 걷는 젊은 여성은 뒤에서 자신을 쫓아오는 듯한 신발 소리에 촉각을 세우며 두려워할 수 있다. 이때 그녀가 공포를 느끼는 대상은 질 안 좋은 치한일 것이다.

누군가가 "무서워!"라고 말한다면, 무엇을 무서워하는지 물어볼 수 있을 것이고, 그는 자신이 공포스러워 하는 대상

이 무엇인지 답할 수 있을 것이다. 더 이상 어떻게 감당을 할 수도 없고 융통해 갚을 수도 없는 카드빚, 대물림되는 폭력 가정 안에서 나에게 위해를 가할지도 모를 가족 구성원, 시시때때로 나를 괴롭히는 직장 상사, 누가 언제 어떻게 잘릴지 알 수 없는 상태에서 회사원이 갖는 실직에의 공포, 돈이 다 떨어졌을 때 내일부턴 어떻게 먹고 사나를 고민해야하는 막막한 상황에 대한 공포, 데이트 폭력에 노출된 젊은 여성이 애인에게 느끼는 공포, 하다 못해 공원 벤치 아래 풀숲에서 튀어나올 것만 같은 들쥐와 뱀과 같은 동물에 대한 공포. 이외에도 우리는 수많은 공포를 열거할 수 있을 것이며, 공포는 이처럼 대상을 갖는다.

반면 불안은 그 대상이 모호해도 우리를 덮쳐올 수 있는 것이다. 딱히 예측 가능한 한계나 어려움, 혹은 불안을 유발하는 대상이 없다 하더라도 우리는 불안에 떨며 섬뜩한 느낌을 받을 수 있다. 불안은 인생의 가장 행복한 한때, 어둠이 완전히 걷힌 찬란한 태양 아래서도 느낄 수 있다. 그것의 특성 자체가 무규정적일 수 있기 때문이다. 사랑하는 사람을 잃거나 내게 만족감을 부여하는 재력이나 건강함을 상실할까 봐 느끼는 불안, 하늘 아래 이 행복감은 영원히 지속될 수 없다는 머리와 몸을 강타하는 자각, 혹은 건강해 보이는 내 육체에 큰 병이 생긴 것은 아닌가 하는 불안 등에서는 불안을 유발하는 확실하고 규정적인 대상이 존재하지 않는다.

이러한 공포와 불안이라는 비슷하지만 서로 구분되는 정서에 대한 철학적인 해석의 일례로 하이데거Martin Heidegger의 《존재와 시간》에서 언급되는 처해 있음Befindlichkeit의 분석을 들 수 있다. 공포와 불안, 슬픔과 기쁨 등을 포함하는 정서의 또 다른 단어는 '열정passion'이다. 열정이라는 단어는 "그리스어의 파토스pathos에서 유래하는데, 라틴어의 파시오passio를 거쳐서 고통을 뜻하게 된다. 고통은 주로 통증pain이 아니라 수동성passivity을 지칭한다."[10] 그것은 누군가가 어떤 것에 노출이 되고 누군가에게 어떤 것이 일어난다는 의미에서 수동적이다. 정서는 자기주도적이지 않다. 정서는 어떤 의미에서 받아들이는 어떤 것이다. 우리는 정서를 선택할 수 없다. 슬픔이나 두려움을 느낄 때 이를 피하기 위해 더 편안한 다른 정서를 단순하게 선택하기란 불가능하다. 이러한 맥락에서 인간의 정서는 그를 둘러싼 상황이나 환경과 관련을 맺는데, 하이데거는 이것을 '처해 있음'으로서의 **기분**Stimmung으로 표현한다.

처해 있음 안에서 현존재가 타자와 만나고 주변 세계와

만나며 자기 자신과 만나는 근원적인 방식은 기분 속에서 이루어진다. 따라서 하이데거에게 어떤 대상을 의미 있는 것으로 지각하게 하거나, 세계 속에서 참여를 가능하게 하는 것은 기분이다. 위협과 같은 것은 내가 나의 세계 속에서 두려움을 느끼는 상태에 처해짐으로써 나에게 일어날 수 있으므로 기분이란 단순히 주관적인 것이 아니라 "우리 자신이 외부에서 존재하는 근본적인 방식"이며, 세계로 열려 있음의 한 방식이다. 기분은 또한 우리 자신과 접촉하게 한다. 즉 현존재는 자기 자신과 직면하게 될 때 어떤 기분에 젖어든 채 처해 있는 자기를 발견하게 된다. 이때 기분에 젖어 처해 있음은 이성적으로 반성할 수 있는 상태가 아니며, 오히려 무반성적으로 세계에 몸을 내던지면서 현존재를 덮치는 것이다. "기분은 '밖'에서부터 오는 것도 '안'에서부터 오는 것도 아니며 오히려 세계-내-존재의 방식으로 이 세계-내-존재 자체에서부터 피어올라온다."[11]

　하이데거에 있어 공포와 불안이라는 기분은 현존재의 근본적인 처해 있음이다. 하이데거에 따르면 두려워함 자체는 위협적인 것이 자신에게 닥치도록 놔두며 그대로 내주는 것이다. 예를 들어 어떤 장래의 재난이 확인되고, 그 다음 두려워하는 것이 아니다. 즉 두려워함은 먼저 가까워오는 것을 확인하는 것에 앞서 먼저 그것의 무서움을 발견하는 것이다. 그래서 두려워하고 무서워하는 자는 그가 자신을 발견하는 바로 그 기분에 억류되어 있다. 하이데거에 따르면 공포는 현존재를 주로 결여된 방식으로 열어 밝힌다. 공포는 혼란스럽게 하며 '뒤죽박죽으로' 만들어놓는다.

우리는 우리를 위협하는 이러저러한 특별한 존재자와 마주할 때 두려워한다. 공포는 각각의 경우에 어떤 것에 대한 공포, 즉 어떤 대상에 대한 공포, 혹은 무엇 때문에 두려워함이다. 즉 공포란 세계 내에 존재하는 '무엇 앞에서' 있음과 '무엇 때문에'라는 특징을 지닌다.[12] 하이데거는 무엇 앞에서 두려워함, 혹은 무엇 때문에 두려워함이라는 공포의 양상이 그 계기들에 따라 다양하게 바뀔 수 있음을 보여준다. "위협적인 것을 당면하는 만남의 구조"에는 가까이에 근접해옴이 속한다. 위협적인 것이 "아직은 아니지만 어느 순간에라도"[13] 갑자기 배려하는 세계-내-존재 안으로 돌연적으로 들이닥치게 되면 공포는 놀람(경악)이 된다. 경악을 불러일으키는 대상은 우선 친숙한 어떤 것과 관련된다. 이에 반해서 위협적인 것이 전연 친숙하지 않다는 성격을 띠고 있을 경우 공포는 전율이 된다. 이제 위협하는 것이 전율스러움의 성격과 마주치게 됨과 동시에 돌연성을 띠는 경우 공포는 아연함(혼비백산)이 된다. 그 밖의 공포의 변형들로 우리는 겁먹음, 소심함(겁이 많음), 근심함(안절부절함), 당황함(어리둥절함) 등을 알고 있다. 이 모든 공포의 변양태들은 스스로가 처해 있는 가능성들로서, 현존재가 세계-내-존재로서 "두려움의 경향"을 가지고 있음을 암시한다. 이러한 두려움의 경향은 개별화된 성향이 아니며 "현존재 자체의 본질적인 처해 있음의 실존론적 가능성으로 이해되어야 한다."[14]

'놀람'과 '경악'의 예를 들어보자. 나는 오후에 거실에서 음악을 들으며 커피를 한 잔 마시고 있다. 창 밖에서는 작은 새가 노래한다. 이 오후의 평온을 깰 만한 것은 아무 것도 없다고 생각했다. 그런데 갑자기 집에서 키우는 고양이 한 마리가 어디선가 튀어나와 유리창 밖에 지저귀는 새를 향해 몸을 날린다. 새는 푸드덕거리며 날아가 버리고 고양이는 유리창에 부딪쳐 나뒹군다. 안락한 나의 집에서 돌연 튀어나온 내 친숙한 고양이는 한순간 평온한 정적을 깨고 나는 '놀람' 속에서 몸을 쓸어내린다.

놀란 가슴을 쓸어안고 나는 절친한 친구가 입원해 있는 병원에 병문안을 가기로 한다. 그 친구는 몸 안에 생겨난 양성종양을 제거하기 위한 간단한 수술을 앞두고 있다. 나는 친구에게 문병을 가서 악성이 아니라 양성종양이라 얼마나 다행인지 모른다고 위로를 했다. 우리는 아직 장성하지 않은 친구의 자식들 교육 문제에 대해 대화를 나누었고, 친구는 이번에 수술을 받고 퇴원하면 딸아이의 가장 취약한 과목인 수학 내신을 위해 더 좋은 학원을 알아봐야겠다고 했다. 집으로 돌아오는 길에 나는 문득 '종양이 별거 아니라서 다행이야. 저 사람도 옆자리 암 환자처럼 죽음의 위협을 느꼈겠지만, 실제로 저 사람이 죽는 건 몇십 년 후의 일이겠지'라는 생각을 했다. 그런데 오늘 아침 갑자기 전화로 그 친구가 수술 후 회복실에서 깨어나지 못하고 돌연히 사망했다는 사실을 듣는다. 친숙한 공간인 내 집에서 받은 부고 소식으로 내 아침 시간은 갑자기 덮쳐온 경악과 슬픔으로 얼룩지고 혼미해진다.

'전율'은 친숙하지 않은 위협이 느껴질 때 나타난다. 이에 대해서는 프로이트Sigmund Freud가 "두려운 낯설음Das Unheimlich"의 정서를 설명했던 예가 적절할 듯하다. 예를 들면 낯선 숲속이나 산에서 갑자기 안개 같은 것을 만나 길을 잃었을 때 표지판이나 아는 길을 찾으려고 하는 모든 노력에도 불구하고 여러 번에 걸쳐 같은 장소로 되돌아오곤 할 때 프로이트가 명명하는 "두려운 낯설음"의 정서와 같은 전율을 불러일으킬 수가 있다. 혹은 낯설고 어두운 방 안에서 문이나 전

기 스위치 등을 찾으려다 여러 번 같은 가구에 반복해서 부딪칠 때도 비슷한 상황일 것이다.[15]

위와 같이 전율을 느끼게 되는 상황에서, 즉 집과 같이 익숙한 공간이 아니라 자꾸만 같은 곳을 뱅뱅 돌게 되는 낯선 숲에서 갑자기 칼을 든 살인마나 나를 공격해오는 맹수를 만났다고 가정해보자. 이때 전율은 혼비백산으로 변한다.

하이데거는 세계 내부적 존재자로부터의 위협에서 비롯되는 공포는 공포를 유발하는 그 존재자 앞에서 물러남이라는 도피의 성격을 지니고 있다고 규정하면서, 현존재가 그 자신 앞에서 돌아서는 불안과 구분한다. 이 지점에서 하이데거는 키르케고르Sören Kierkegaard의 공포와 불안의 구분, 즉 공포는 세계의 존재들에 대한 두려움으로서 대상을 지니며, 불안은 자기 앞에서의 불안이라는 구분을 연장하는 것으로 보인다. 불안 속에서는 사람이 '섬뜩해진다.' 거기에는 우선 현존재가 불안 속에 처해 있는 그곳의 독특한 무규정성이, 즉 아무것도 아님과 아무 데도 없음, 그리고 어디서 오는지 알 수 없음이 표현되고 있다. 공포의 감정과는 달리 나는 불안의 대상을 알지 못한다. 그리고 섬뜩함은 거기에서 동시에 '마음이 편치 않음'을 의미한다. 불안을 통해 일상적인 친숙함은 무너져 내린다. 이러한 맥락에서 볼 때, 공포를 느낄 때 우리는 세계 내부의 존재자 앞에서 도피하지만, 불안은 일상적인 친숙함이 사라지는 섬뜩함을 느낄 때의 자기 자신 앞에서부터 도피한다. 그리하여 일상적으로 만나는 사람들 속에 빠져 있을 때의 안정된 친숙함으로 도피하거나, 공공성의 편안함 속으로 도피한다.

예를 들어, 오늘 나는 혼자서 거리를 산책하다가 혹은 혼자서 커피를 마시다가 문득 나를 덮쳐오는 섬뜩한 기운을 느낄 수 있다. 대상이 있는 공포와는 달리, 이 물밀듯 다가오는 불안의 감정은 어디서부터 오는지 왜 이런 감정을 느껴야 하는지 규정할 수도 없고 알 수도 없다. 그러면 나는 근처 카페에 들어가 커피 한 잔을 시켜 놓고 스마트폰을 통해 인터넷을 하면서 세인들의 뉴스를 읽는다. 갖가지 뉴스들, 그중에서도 가장 마음 편히 읽을 수 있는 연예인들의 사생활과 컴백 기사 등을 읽으며 나는 다시 일상적인 친숙함의 세계로 돌아온다. 그리고 친구에게 전화를 걸어 내가 지금 있는 카페로 올 수 있는지를 묻는다. 다행히 시간이 난 친구가 오면 친구와의 지극히 일상적인 대화, 즉 이번 여름에 휴가 갔다온 이야기, 남자친구 이야기, 가족 이야기, 학교나 직장 이야기 등으로 이야기 꽃을 피우며 비로소 나는 편안하고 지극히 일상적이며 안전한 세계로 안착한다. 그리고 불과 몇 시간 전의 섬뜩한 알 수 없는 불안의 감정 따위는 잊어 버린다.

그러나 실제적으로는 이처럼 하이데거가 설정한 공포와 불안의 차이에 대한 경계선이 위와 같이 개념적으로 명확하지 않은 것 역시 사실이다. 공포의 정서도 대상과 관련해 불확실함을 내포할 수 있다. 이 경우 나는 어떤 특별한 대상을 두려워하고, 그 대상에 대해 어떤 태도를 지녀야 하는지 명확하게 알지 못할 수 있다. 앞서 1장에서 언급한 모파상의《밤: 공포》에서 주인공이 느끼는 공포의 실체는 불명확하다. 모파상은 자신의 또 다른 소설 〈공포〉에서 이렇듯 대상 없는 불명확한 공포를 다음과 같이 묘사한다.

> "공포, 그것은 무시무시한 어떤 것, 영혼이 붕괴되는 것처럼 끔찍한 느낌, 정신과 영혼이 겪는 지독한 경련이라오. 매우 대담한 남자들도 공포를 느낄 수 있소. 공포에 대한 기억은 불안스러운 전율을 가져다주지요. 하지만 그것은 용감한 사람에게는 일어나지 않고, 공격 앞에서도, 불가피한 죽음 앞에서도, 우리가 알고 있는 모든 형태의 위험 앞에서도 일어나지 않는다오. 그것은 비정상적인 환경에서, 불가해한 힘의 영향 아래에서, 모호한 위험 앞에서 일어난다오. 진정한 공포는 오래된 비현실

적인 두려움에 대한 어렴풋한 기억 같은 것이라오."[16]

  그래서 소설에서처럼 북아프리카의 사막을 건너던 주인
공이 느닷없이 사막 한가운데서 북소리를 듣고, 현지 안내
자들이 "죽음의 신이 우리 위에 있어요"라고 말하자마자, 말
위에 탄 동료가 일사병으로 갑자기 고꾸라져 죽을 때 주인
공이 느꼈던 알 수 없는 공포. 그것은 뼛속을 타고 흐르는
모호하고 비현실적이고 실체 없는 공포다.

  다른 한편 많은 불안증 역시 대상을 가질 수 있다. 그러
나 우리는 우리가 무엇에 대해 불안해하는지를 알고 있으
나, 그 대상이 우리의 삶 속에서 나타나게 될지 아닐지는 불
확실할 수 있다. 남편의 외도를 한 차례 겪은 여자는 늦은
밤 집에 돌아오지 않는 남편이 전화를 받지 않으면, 불안감
에 사로잡힐 수 있다. 그 불안의 대상은 '남편의 또 다른 외
도'라는 가능성이다. 다만 그것이 현실화될지 아닐지는 확
실하지 않다. 짙은 안개가 낀 날 아침, 출근을 위해 승용차
에 오른 사람은 오늘 왠지 큰 차 사고가 날 것만 같다는 불
안에 사로잡힐 수 있다. 몇 달 전 갑자기 도로변 한복판에
서 시동이 꺼져 애를 먹고 차 수리를 한 적이 있었는데, 오
늘 아침 갑자기 그 사실이 떠오르면서 불안감을 느낀다. 이

때의 불안은 '차 고장으로 인한 사고'의 가능성이다. 다만 그 것은 현실 속에서 말 그대로 불안한 예감으로 끝날 확률이 크다.

이처럼 불안과 공포의 경계는 애매할 수 있는데, 실제로 현대의 정신의학에서는 공포와 불안을 명확하게 나누고 있 지는 않다. '공포증phobia'은 불안장애의 한 형태로 간주된다. 공포증은 "불안 때문에 생기는 병이며, 주로 경험에 의해 얻 어진 감정반응[정서반응]"으로 여겨진다.[17] 정신의학자들은 공포감을 일으키는 대상에 따라 공포증 앞에 수식어를 붙 여 수백 개의 공포를 나타낸다. 고소공포증, 폐소공포증, 어 둠공포증, 대중공포증, 동물공포증, 광장공포증, 사회공포증, 여성공포증 등등이 그것이다. 이전에는 공황장애도 불안장 애의 하위 유형에 속하는 것으로 인식되었으나 최근에 이르 러서 독립된 질병으로 분류되었다. 공황장애자의 경우 "다른 불안장애자보다 인지적 통제가 불가능한 상황에 빠지는 것 에 대한 공포감을 더 크게 느끼고, 신체적 정신적 재앙과 관 련된 파국적인 사고를 더 많이 하며, 사지 감각이나 현기증과 같은 특수한 신체 감각 이상 때문에 더 크게 당황한다."[18]

공포로 인해 이성이 약화된다는 것은 명백한 사실이다. 공포를 느끼는 순간에도 침착하게 이성을 사용하여 그 순간을 모면하거나 빠져나오는 사람은 일반인보다 매우 뛰어난 부류의 사람이라 칭할만 한다. 몽테뉴는 "공포만큼 우리의 판단력의 균형을 신속하게 깨는 정서는 없다"[19]고 말한다. 버크Edmund Burke 역시 "공포는 가장 효과적으로 우리의 이성을 갈취해간다"[20]고 주장했다. 몽테뉴는 가장 이성에 의해 지배받는 사람, 즉 철학자인 경우도 공포 앞에선 다른 이와 마찬가지로 무력할 수 있음을 기술하고 있다.

> "철학자는 그를 위협하는 타격에 대해서 그의 눈을 닫을 것이 틀림없다. 그는 어린아이같이 벼랑 끝에서 떨 것이다. 이러한 빛을 비축한 자연은 자신의 권위를 표시할 것이다. 이는 우리의 이성이나 스토아적인 덕에 의해 강제되는 것이 아니라 인간은 필사와 취약성을 지닌다는 것을 가르쳐주기 위함이다."[21]

그럼에도 불구하고 인간의 이성은 공포와 맞서 싸우고자 분투하고, 이를 통해 현재는 많은 공포를 극복했다고도 할 수 있다. 그러나 근본적으로 공포는 이성의 저편에서 우리의 통제를 받지 않고 제 나름의 메커니즘으로 작동하는 섬뜩한 정서다. 이성에 의해 통제받지 않고 이성을 넘어서는 그러한 공포의 극을 보여주는 영화가 바로 〈미스트〉(2007)다.

영화 〈미스트〉에는 괴물이 등장하지만, 스테레오 타입의 괴수 영화와는 다른 점이 존재한다. 짙은 안개 속에서 등장하는 괴물로 인해 혼돈에 빠진 (자본주의를 상징하는) 슈퍼마켓 안의 사람들, 어디선가 갑자기 나타난 안개와 괴물이라는 대상으로 인해 이성은 무너진다. 맹목적인 광신과 희생양의 요구는 공포 앞에서 무너져가는 인간 사회의 축소판이다. 주인공과 그의 어린 아들을 포함한 다섯 명의 사람들은 슈퍼마켓을 탈출해 차에 몸을 싣고 갈 수 있는 한 끝까지 가보지만 한치 앞도 내다볼 수 없는 짙은 안개 속에서 이들이 발견한 것은 절망 뿐이다. 주인공은 다섯 명 모두의 동의를 얻어 권총 안에 장전된 네 발의 총으로 동행자들을 쏘고, 괴물에 잡아먹히기 위해 차 밖으로 나왔지만, 그를 기다리는 것은 괴물이 아니라 괴물을 퇴치하고 방역 작업을 하는 군인들이다. 마치 우리의 불확실하기 짝이 없는 삶과 마찬가지로, 한 번도 본적 없는 괴생명체, 알 수도 없고 명명할 수도 없는 공포 앞에서 우리가 선택할 수 있는 것은 무엇이란 말인가? 안개속의 괴물에 의해 처참하게 죽느니 동반 자살을 택한 주인공은 분명 가장 합리적이고 이성적인 판단을 했을 것이라 생각했지만, 한치 앞도 내다볼 수 없었던 공포스런 상황에 빠져 '잠시 후' 그 '5분' 앞은 달라질 수도 있으리라는 것을, 안개가 걷힐 수도 있으리라는 것을 그는 알지 못했다. 그리고 그것은 이성적 판단의 문제는 아닌 것이다.

스벤젠은 아리스토텔레스Aristoteles와 아퀴나스Thomas Aquinas를 인용해 공포는 항상 희망과 관련이 있다고 주장한다. 절대적으로 희망이 없는 상황은 매우 드물다는 사실에서, 공포가 대개 희망과 관련된다는 것이다. 예를 들어 아퀴나스는 영원히 지옥불에 빠져 있는 형벌을 받은 사람은 모든 희망이 사라졌기에 공포를 알지 못하는 반면, 공포를 느끼는 사람들은 항상 행복한 결말에 대한 작은 희망을 갖는다고 지적한다. 영화 〈미스트〉의 주인공은 아주 작은 희망조차 사라진 현실에서 공포감을 갖는다기보다는 영원히 지옥불에 떨어진 사람처럼 완전한 절망과 체념에 이른다.

만일 우리의 인생 속에서도 〈미스트〉의 주인공처럼 바로 지금 이 순간의 고통이 끝없이 지속될 것이라고 판단하여 생을 마감한다면, 그런데 뒤늦은 합격 혹은 채용 통지서, 뒤늦은 연애 편지, 혹은 부채의 탕감 소식 등이 바로 그 다음 순간 온다면 얼마나 원통한 일일까? 그래서 인간은 이 엄청난 비극들이 난무하는 이 세계 속에서 내던져져 어떤 불가항력적인 대상에 공포감을 겪는 순간조차도, 공포를 넘어

미래로 투신하고자 한다. 인간에게 가장 불가항력적이고 가장 불가해한 사건인 죽음, 역전불가능하고 수정불가능한 한 개인의 궁극적인 결말인 그것이 마지막 순간에 다가오기 전까지.

3장 취약한 인간의 조건: 죽음을 의식하는 동물

나는 지금 차려진 저녁상 앞에 있다. 오늘 저녁을 위해서 생선을 다듬고 양념장을 부어 무와 함께 조려냈다. 무가 남았길래 그것으로 냉장고에 보관중인 소고기 국거리를 꺼내 소고기무국도 끓였다. 김치와 오이소박이, 소고기무국과 함께 조기조림이 상위에 올라왔다. 일이 대충 마무리된 저녁 식사시간. 상 앞에서 일상의 소소한 기쁨을 느낄 수 있는 시간이다. 그런데 차려진 고기와 생선 반찬을 보면서 낯선 느낌이 덮쳐올 때가 혹시 있는가?

양념장이 뿌려진 채 조려진 조기는 대가리와 꼬리까지 몸통이 온전하다. 내가 만일 조기이고 조기가 만일 나라면, 그래서 조기 대신 온 몸통이 조려져서 밥상 위에 올려진 것이 나라면 어떠할 것 같은가? 소고기무국 속의 소고기는 덩어리가 아니고 작은 조각들이라서 소의 몸통 전체를 상상하기는 힘들다. 그런데 조기에 대한 상상으로 이미 입맛

이 무뎌진 내 입안에서 고기가 씹힐 때 문득 이 소의 최후는 어떠했을까 상상해본다. 각종 호르몬제와 항생제가 투여된 사료를 먹으며 비정상적이고 잔인한 방식으로 사육되고 도살된 것은 아닐까?

그런 물음에까지 이르면 내 입에 씹히는 소고기의 질감은 서걱대고 동시에 국 속에 든 소고기를 빼내려는 데 이를 수 있다. 그리고 마침내 나와 같은 생명체인 동물에 대한 연민에서 출발해 육식을 거부하는 데 이를 수 있다. 그러나 대개의 경우 길들여진 입맛 때문에 잠시의 이상한 상상을 접어 두고 맛있게 조기조림과 소고기무국을 먹고 해체하고 흡수해버린다. 맛있고 영양가 있는 저녁을 먹었기에 다음날 더 에너지 넘치는 하루를 보낼 수 있을 것 같기도 하다.

이 속에 인간이라는 자의식을 가진 동물의 아이러니가 드러난다. 문제는 단지 육식에만 있을까? 내가 섭취하는 오

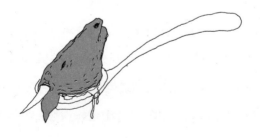

이소박이의 오이, 김치의 배추, 각종 나물과 샐러드를 생각해 보면, 동일한 상상에 이를 수 있다. 어쨌든 이 생명을 지속하고자 하는 의지로 가득찬 식물들을 끊어 버리거나 뽑았다는 것은 그 식물의 생명에 위해를 가한 것이다. 내 밥상 위에 차려진 숨이 죽은 각종 채소 반찬과 나물 반찬은 식물들의 사체에 지나지 않는다. 그것이 동물들의 사체에 비해 혐오와 역겨움을 불러 일으키지 않기 때문에 무심히 지나칠 수 있을 뿐이다.

이처럼 인간은 다른 동물들과 마찬가지로 생존을 위해 다른 생명체를 죽여서 섭취하는 조건을 타고났다. 아이러니한 건 인간은 때때로 이 사실을 의식하는 존재라는 것이다. 이것은 이미 몇 천 년 전 태어난 붓다와 같은 성인들이 고뇌한 내용들이다.

인간의 조건이 지닌 두 번째 아이러니는 첫 번째보다 더 중요하고 비극적인 아이러니로 인간은 죽음을 의식하는 존재, 즉 자의식을 지닌 동물이라는 점이다. 베커Ernest Becker는 《죽음의 부정》에서 인간을 구성하는 중요한 단서가 바로 "죽음에의 공포"라고 바라보고 있다. 그는 인간이 갖는 죽음에 대한 공포가 자연적인 것이 아니라는 정신의학자 라인골드J. G. Rheingold의 입장에 반대한다. 다시 말해 그는 유아기 때의 소멸 불안은 아이의 자연적 경험이 아니라 냉담해서 불안을 일으키는 어머니로부터 박탈감을 느낀 관계에서 발생한다는 주장에 동의하지 않는다. 이와는 반대로 베커는 유아기 때 훌륭한 부모 밑에서 훌륭한 조건 속에서 자란 경우, 그 초기 경험은 단지 죽음의 공포를 감추는데 이바지할 뿐이라고 주장한다. 베커는 정도의 차이는 있으나 죽음의 공포는 모든 사람의 안에 있으며 모든 것들에 영향을 미치는 기본적인 공포로 누구도 피할 수 없다는 입장을 고수한다. 그에 따르면 만일 이 공포가 지속적으로 의식된다면 우리는 정상적으로 활동할 수 없을 것이다. 따라서 죽음의 공포는 인간이 약간이라도 편안한 삶을 지속할 수 있도록 적절하게 억압되어지는 양상을 띤다. 평상시에 우리가 마치 육체적 불멸을 완전히 믿고 있는 것처럼 우리의 죽음을 믿지 않으며 살아가는 모습은 일상적 생활을 영위하고 사회를 구성하기 위해 인간이 죽음의 공포를 억압한 결과다.

베커가 이 책에서 보이는 심리학적 통찰은 인간은 자의식과 생리적 몸, 즉 반대되는 것의 합일이라고 규정하는 데서 두드러진다. 죽음에의 공포와 불안을 키르케고르의 철학과 연관시켜 분석하면서 그는 인간 성격의 감옥은 곧 "인간이 피조물성이라는 한 가지만을 부정하기 위해 고통스럽게 구축된 것"[22]이라고 주장한다. 피조물성의 본질은 공포와 불안에 있으며, 그것은 인간이 그의 동물적 한계를 의식하고 있는 역설에서 생겨난다.

"의식적인 동물이 된다는 것은 무엇을 의미하는가? 그런 관념은 기괴하지 않다면 우스꽝스러운 것이다. 그것은 사람이 벌레의 먹이가 된다는 점을 안다는 것이다. 무에서 출현해서 이름, 자의식, 심층적 내면의 느낌들, 삶과 자기표현에 대한 강렬한 내면적 열망을 소유한다는 것, 그리고 이 모든 것을 소유한 존재가 죽어야 한다는 것은 공포다. 그것은 짓궂은 장난과 같은 것인데, 문화적 인간의 한 유형이 신의 관념을 공개적으로 거부하기 때문이다. 어떤 종류의 신성이 이토록 복잡하고 특별한 벌레 먹이를 만들어내는가? 그리스인들은 냉소적인 신들이 자신들의 즐거움을 위해 인간의 고뇌를 사용한다고 언급했다."[23]

베커에 따르면 키르케고르가 세운 현대 심리학의 주춧돌은 에덴 동산에서 아담과 이브를 추방한 사건인 타락 신화에서 나온 것이다. 이 신화는 어떻게 인간이 하등동물의 본능적이고 분별없는 행동에서 벗어나 자신의 조건을 성찰하게 되었는지를 보여준다. 이제 낙원에서 쫓겨난 타락한 인간에게 공포의 실제 핵심은 인간에 대한 심판, 즉 하나님이 선악과를 따서 먹은 아담에게 "너는 정녕 죽게 될 것이다"라고 한 결과다. 다시 말해서 자의식의 최종적인 공포는 인간 자신의 죽음에 대한 앎이다. 이것은 동물의 왕국에서 인간에게만 언도된 특별한 판결이다. 이것이 에덴 동산 신화의 의미이며, 자신의 죽음과 부패에 대해 의식하는 인간에 대한 현대 심리학의 재발견이다,

그렇다면 키르케고르에게 인간이 죽음의 공포와 불안에 직면해 선택할 수 있는 것은 무엇인가? 키르케고르는 죽음의 가능성이 "바로 오늘에 있음을 받아들임으로써 죽음을 진지하게 대하는 행위를 촉구한다. 이 '오늘'은 단독자로서의 인간이 자기 자신을 죽을 것으로 받아들이는 행위를 통해 자기 자신에 현재하는 방식이다.[24] 이 '오늘'이라는 시간의 한 예는 자신의 아들인 이삭을 희생의 제물로 바치기 위해 고독한 믿음 속에 모리아 산으로 말을 타고 가는 순간인 아브라함의 시간이다. 즉 단독자로서 불안과 절망 속에서 자기 자신이 되어야 하는 시간이다.[25]

죽음을 의식하는 동물이라는 인간의 조건이 지닌 비극성은 하이데거의 해석에서 더 정점에 다다른다. 인간, 즉 현존재는 "종말을 향한 존재"다. 현존재는 그가 존재하고 있는 한 이미 자신의 아직-아님으로 존재하듯이, 죽음으로 의미

되고 있는 끝남은 과일이 모두 성숙하듯이 현존재의 끝에-와-있음이 아니라 항상 종말을 향해 있을 뿐이다. 이처럼 현존재의 죽음은 실존적으로 '죽음에 다가가고 있음'으로 경험된다. 그리고 죽음이란 본질적으로 각각의 경우 나의 죽음으로 드러나는 단독성과 실존성으로 구성된다.

앞장에서 분석했던 불안한 기분이 들 때 낯익은 일상성과 공공성으로 도피하는 것은 죽음 앞에서의 불안에서 더 적나라하게 드러난다. '세인das Man'들과의 잡담과 일상성에로 빠져듦을 통해 죽음의 불안은 억압되기 마련이다. 사람들은 매일 매시간 죽으며, 죽음은 세계 내부적으로 일어나는 주지의 사건이지만 눈에 안 띄는 방식으로 은폐된다. 아직은 이 죽음이 내 눈 앞에 존재하지 않는다는 방식이 그것이다.

> "'그들'은 또한 이런 사건을 위해서 이미 하나의 해석을 확보해 놓고 있다. 이 사건에 대해서 밖으로 말하거나 대개는 조심스럽게 '재빨리' 하는 이야기는, '사람은 결국 다 한번은 죽는다. 그러나 우선은 이것이 나 자신에게는 해당되지 않는다. (남의 일일 뿐이다)'라고 말하려고 한다."[26]

나는 77세의 노인이다. 75세를 넘기기 전까지 나는 노인

문화센터에 다니며 운동도 하고 노래와 한국무용을 배우면서 꽤 빡빡한 하루 일정을 보내도 기운이 그렇게 달리진 않았다. 정신 상태도 치매 없이 말끔하고 정정하다는 소리를 많이 들었다. 75세를 넘기면서부터 무언가 몸에서 갖가지 신호를 보내는 것만 같다. 얼마 전 속이 쓰려서 검진을 했는데 위암 판정을 받았다. 얼마나 더 살 수 있을까? 암 진단을 받기 전까지도 내가 지금으로부터 20년을 더 살 수는 없을 거라고 생각했지만 지금은 1년이 될지 2년이 될지 앞을 기약할 수 없는 신세가 됐다. 다행히 암은 전이된 곳도 없었고 초기였다. 수술을 받고 회복실에서 깨어나 혼미한 상태로 병실에 실려오자, 옆 병상의 63세 아주머니가 덕담을 한다. "아이고, 형님. 이제 살아나셨네, 살아나셨어. 이제 안 죽으니까 건강하게 잘 사실 일만 남았수."

꼭 위의 예처럼 나이가 많지 않더라도 중병에 걸려서 수술을 받은 사람들은 이렇게 위로하는 말을 몇 번쯤 들어보았을 것이다. 하이데거는 이러한 세인들의 태도가 "죽어가는 사람"을 잘 배려한* 세계의 안정된 일상으로 되돌아갈 것

---

* 하이데거 철학에서 '배려'는 도구와의 교섭을 뜻하는 것으로 Besorgen의 번역어다. 이와는 달리 타인과의 교섭은 Fürsorge로서 '돌봄'이나 '보살핌'으로 번역될 수 있다.[27]

이라 위로하면서 죽음을 은폐하고 회피하는 일상적인 태도라고 주장한다. 그들에게 죽음에 대한 생각은 공공적으로는 비겁한 두려움, 현존재의 불확실성, 음울한 세계 도피로 통한다. 죽음 앞에서의 불안 속에서, 현존재는 건너뛸 수 없는 가능성에 내맡겨진 자로서의 자기 자신 앞으로 서게 되지만, 세인들은 사람은 죽는다라는 '사실'에 대해서 무관심한 평온을 가질 것을 요구한다. 이러한 공공성과 일상성에 빠져 있는 태연한 무관심을 통해, 현존재는 죽음불안이라는 그의 가장 고유한 무연관적 존재가능에서부터 소외되기에 이른다.

죽음의 불안에 직면하는 하이데거의 처방은 위와 같이 '세인'들의 배려와 그들과 더불어 있을 때의 비본래적으로 존재하면서 죽음의 불안을 애써 회피하는 모습이 아닌, 죽음이라는 무연관적 가능성으로 미리 달려가 보고 선취하는 기획 투사를 통해서 본래적인 자기 자신의 가능성을 스스로 떠맡는 것이다. 죽음은 현존재의 가장 고유한 가능성이다.

"가장 고유하고 무연관적인 가능성은 건너뛸 수 없다. (…) 그러나 미리 달려가봄은 죽음을 향한 비본래적인 존재처럼 이

건너뜀 수 없음을 회피하지 않고 오히려 그것에 대하여 자신을 자유롭게 내준다. 자신의 고유한 죽음에 대하여 미리 달려가보며 자유롭게 됨은 우연하게 밀어닥치는 가능성 속으로의 상실로부터 해방시켜주어, 현존재로 하여금 건너뜀 수 없는 가능성의 앞에 놓여 있는 현사실적 가능성들을 처음으로 비로서 본래적으로 이해하고 선택하게 한다. (…) 미리 달력가봄은 현존재에게 '그들'-자신에 상실되어 있음을 드러내보이며 현존재를, 배려하는 심려에 일차적으로 의존하지 않은채, 그 자신이 될 수 있는 가능성 앞으로 데려온다. 이때의 자기 자신이란, '그들'의 환상에서부터 해방된 정열적이고 현사실적인, 자기 자신을 확신하고 불안해하는 죽음을 향한 자유 속에 있는 자신이다."[27]

이처럼 실존철학자들이 지적했듯이 인간은 죽음을 의식하는 한편 미래를 향한 기투 속에서 죽음을 향한 자유를 선취하는 존재이지만, 보통의 사람들은 죽음을 인식하거나 대면하기보다는 그것을 회피하려는 자세를 보인다. 베커가 《죽음의 부정》에서 지적했듯이, 보통 인간은 자신의 죽을 운명에 대해 망각할 때 가장 "위엄 있는" 동물의 모습을 보인다. 또한 주변 환경에 안전하게 의지하며 살아가면서 고유한 그 자신에게 최소한으로만 사로잡혀 있을 때 '자유롭다'고 말한다. 그러나 우리가 죽음에 대한 '비합리적' 생각으로 도피하지 않고, 정신적으로나 신체적으로나 '자유로울 수' 있는 시간은 얼마나 짧으며 한정적인가? 흔히 젊은 사람들은 청춘이 영원할 거라 착각하지만 어느새 늙은 사람이 되어 마지못해 자신의 나이를 인정하기에 이른다. 보부아르 Simone de Beauvoir는 《노년》에서 "장수하는 그 어떤 인간도 노쇠에서 벗어나지는 못한다. 노쇠란 불가항력의 것이며 돌이킬 수 없는 것이다. 노화는 어김없이 죽음에 이른다"[28]고 말했다. 노화는 죽음 만큼이나 인간에게 불가항력적인 것이며, 노화와 나이가 가져다주는 혐오와 공포 역시 매우 근본적인 인간의 정서에 속해 있다. 보부아르가 《노년》에서 인용한 롱사르 Pierre de Ronsand가 시들어가는 육체가 불러일으키는 혐오감에 대해 쓴 글은 이러한 노년을 대하는 인간의 근본적인 정서를 잘 보여주고 있다.

이제 내게 남은 건 오직 뼈뿐,

죽음의 화살이 가차없이 꽂힌

신경도 근육도 없는, 바람빠진, 문어 같은 앙상한 해골

떨릴까 무서워 감히 팔도 쳐다보지 못하네.[29]

특히 혐오를 불러일으키는 것은 여성의 노화다. 아무리 곱게 늙은 여자 노인이 있다 하더라도 아무도 '아름다운 늙은 여자'라고 말하지 않으며, 기껏해야 '매력적인 노부인'이라고 말할 것이라고 보부아르는 냉정하게 지적한다. 사람들은 늙은 여인을 기꺼이 젊은 여인과 비교하며 모욕한다. 냉혹한 사실은 남자건 여자건 늙은이가 사랑에 빠지면 불쾌감을 불러일으킨다는 것이다. 노인의 사랑과 성욕은 젊은이들의 관점에서 보면 추잡하고 망측한 것이 된다.

물론 현대에는 각종 의료 기술과 시술을 통해 노화를 늦추고 노년에도 젊고 건강하게 그리고 동안의 얼굴로 살며 생명을 연장하는 것이 보편화되긴 했지만 말이다. 그러나 이러한 생명 연장과 '노년에도 젊게 살기'라는 모토는 역시 노화에 대한 인간의 공포를 교묘하게 은폐한다. 아무리 노화를 늦추고 젊음을 시술한다 해도 언젠가 우리의 몸은 겨울날의 마른 나뭇가지처럼 앙상하게 마르고 갈라지는 시기가 온다. 이제 정신적으로나 신체적으로 독립된 한 개인으로서 '자유롭게' 활동하고 사고할 수 있는 시기가 지나가버리고, 노화와 함께 진행되는 질병으로 인해 걸을 수도, 심지어 병원 침상에 누워 누군가의 도움 없이는 움직일 수 없는 시간이 올 수 있다. 물론 모든 노인의 마지막이 꼭 그렇다는 건 아니지만 말이다.

노령화 사회에 접어들면서, 인간으로서의 '최소한의 품위와 존엄성'을 지니지 못하는 취약한 상태로 접어드는 노인들의 문제가 심각하게 대두될 수 있다. 이러한 점에서 아직 품위와 존엄성을 유지할 수 있는 나이에 존엄사를 택하는 것에 대한 필요성이 나타났고, 그에 대한 윤리적 논쟁이 시작되었다. 이러한 논쟁은 '내가 태어나는 것을 선택하지는 못했지만 내 마지막과 종말은 선택할 수도 있다'는 발상에 대해 어떤 물음을 던져줄 수 있을까? 노인들의 존엄사 문제 역시 노화가 자연스럽게 동반하는 죽음의 형태에 대한 공포와 불안을 내포하고 있지는 않은가?

우리가 어떤 선택을 하던 간에 질병으로 인해 그리고 노화의 진행에 의해 '취약하고' '의존적인' 인간이 되는 것에 대한 공포에 대해서는 다시 한 번 생각해볼 만하다. 인간이 갖는 가장 원초적인 공포인 죽음의 공포와 그에 동반되는 노화에의 공포를 비롯한 여러 가지 '공포'의 정서는 인간이 얼마나 연약하고 취약한 존재인지를 드러내는 기제가 된다. 전 세계적으로는 테러와 전쟁, 분쟁 지역에서의 참사에 대한 공포가 휩쓸고 있고, 국내적으로는 극도의 경쟁과 최소한의 인내심과 배려가 사라져가고 있다. 그래서 삐끗 잘못하면 상해를 입고 속절없이 죽을 수도 있고, 취약한 사회 시스템 때문에 언제, 어디서건 안전사고를 당해 죽음을 당할 수 있다는 공포심이 우리를 뒤덮을 때가 있다. 이것이 주디스 버틀러Judith Butler가 9·11 테러의 충격 속에서 집필한 《불확실한 삶》에서 말하는 삶의 불확실함이 던져주는 공포다. 그는 다음과 같이 말한다.

> "우리가 상처를 입을 수 있다는 것, 즉 다른 이들이 상처를 입을 수 있다는 것, 우리가 다른 사람의 변덕 때문에 죽을 수 있다는 것, 이 모두는 공포와 슬픔의 이유이다."[30]

삶의 불확실성에 대한 느낌은 경고 없이 발생할 수 있는 위험이 존재할 수 있다는 느낌, 그리고 세계가 안전하지 않은 장소라는 느낌을 준다. 그것은 세계를 우리 인간 자신이 취약하다는 것을 고려하면서 세계를 바라볼 때 맞부딪치게 되는 공포다. "상해를 겪은 뒤 깨닫게 되는 것 중 하나는 나의 삶이 의존하는 사람들, 내가 알지 못하고 또 결코 알 수도 없을 사람들이 저기 밖에 있다는 점이다. 이러한 익명의 타자들에의 근본적인 의존성은 내가 없앨 수 있는 조건이 아니다."[31]

이처럼 공포의 문제에 천착하다 보면 인간에게는 자율적이고 독립적인 근대적인 주체 개념 대신 취약성에 기반한 상호의존적인 주체 개념이 인간의 본성과 조건에 더 부합하는 것이 아닌가 하는 의구심이 들게 마련이다. 이러한 물음의 단초를 마련하는 것이《존재와 다르게: 본질의 저편》과 여타의 저작에 나타난 레비나스Emmanuel Lévinas의 취약성vulnérabilité에 기반한 주체 개념이다. 이 저작에서 접근하고 있는 주체성 개념은 더 이상 그 자신과 동일시되는 자아중심적 주체가 아니라 타자로부터 출발하여 구상된다. 철학적 전통에서 '상흔', '허약함', '취약성', '수동성'과 같은 용어는 남성의 부정적 측면으로서의 여성을 규정하는데 이용되어 왔는데 레비나스는 이 용어들을 인간의 주체성을 규정하는데 쓰고 있다. 주체의 주체성은 더 이상 자폐가 아니라 "취약성, 정념에의 노출, 감수성, 어떤 수동성보다도 더 수동적인 수동성"[32]에 근접하는 개념이다.

버틀러Judith Butler가 언급했듯이, 아우슈비츠에서의 경험을 환기시키는 레비나스는《존재와 다르게》에서 나를 대신하는 "대체"로 불리는 주체성이 타자의 "인질"이 된다고 주장한다는 점에서 주체성의 기상천외한 취약성으로 나아가면서 자율적 주체 개념의 해소에 박차를 가하고 있다. 그로부터 자아중심주의를 벗어난 취약한 주체는 타자를 위한 그 무엇을 향한다. 다시 말해서, 만일 주체성이 취약성이고, 감수성이며 어떤 수동성보다도 더 수동적인 수동성이라면 그 책임감은 '몸을 바침'일 수 있다.[33] 이러한 의미에서 주체는 타자를 향해 있으며, 그것은 타자에 대한 응답을 의미한다.

비폭력적인 윤리의 문제를 설정하기 위해서 버틀러는 《불확실한 삶》에서 이러한 레비나스의 윤리학, 즉 "타자의 불확실한 삶과 더불어 시작하는" 타자성의 윤리학을 차용하며, 불확실한 삶과 폭력의 금지를 전하는 도덕적 형상으로 어떻게 레비나스가 '얼굴'을 사용하고 있는지를 인용한다.

> "얼굴에 접근하는 것은 책임감의 가장 기초적인 양태다… 얼굴은 내 앞에en face de moi 있는 것이 아니라 내 위에 있다. 얼굴은 죽음 앞의 타자, 죽음을 통해서 본 타자, 죽음을 드러내는 타자다. 둘째, 얼굴은 마치 혼자 죽도록 내버려주는 것이 그의 죽음에 대한 공모라도 되는 양, 자기 혼자 죽게 내버려두지 말라고 나에게 부탁하는 타자다. 따라서 얼굴은 나에게 이렇게 말한다—살인하지 말라. 얼굴과 관계해서 나는 타자의 자리를 횡령한 사람으로서 드러난다. (…) 얼굴의 취약성에나 자신을 드러내는 것은 삶에 대한 나의

존재론적인 권리를 문제 삼는 것이다. 윤리 안에서 타자의 존재 권은 나의 권리에 대해 우선성을, 윤리적 명령으로 요약될 우선성을 갖는다—살인하지 마라, 타자의 삶을 위태롭게 하지 마라."[34]

버틀러는 여기서 타자의 불확실한 얼굴이 내게 살인의 유혹을 불러일으키는 동시에 '살인하지 마라'는 평화에의 호소 둘 다를 포함한다는 점에 주목한다. 타자의 취약성에 경도된 첫 번째 충동이 살인에 대한 욕망이라면 윤리적 명령은 다름 아닌 그런 첫 번째 충동에 반격을 가하는 것이다. 예를 들어 레비나스는 〈평화와 근접성Paix et proximité〉에서 창세기 32장에 나오는 구절, 즉 야곱이 자신의 형이자 경쟁자인 에서가 곧 다가올 것임을 듣게 되는 부분을 인용한다. "야곱은 매우 두렵고 불안하다." 왜냐하면 야곱은 그의 친구일 수도 있고 혹은 적일 수도 있는 그의 형 에서가 4백 명의 군사를 거느리고 그를 만나러 진군해온다는 소식을 듣고 마음이 어지럽기 때문이다. 이를 레비나스는 "야곱은 자신의 죽음을 무서워하지만 살인을 해야 할지도 모르기에 불안하다"[35]라고 해석한다. 이는 에서라는 4백 명의 군사를 거느린 위협적인 타자, 즉 위협을 표상하는 얼굴을 가진 자

앞에서 갖는 자기 자신의 생존을 위한 공포가 있는 동시에, 또 타자를 해칠지 모른다는 불안이 있다는 점을 의미한다. 인간에게 이 두 충동은 맞붙어 싸운다. 그런데 레비나스에게 비폭력은 평화로운 장소에서 일어나는 것이 아니라 바로 이러한 폭력을 겪을 것이라는 두려움과 폭력을 가할 것이라는 두려움 사이의 긴장에서 나오는 것이다.

버틀러가 강조하는 레비나스의 타자성의 윤리는 죽음의 공포를 종식시키기 위해 타자를 삭제하는 자기 보존의 원리를 넘어서는 것이다. "그럼에도 레비나스는 자기 보존의 이름으로 자행되는 살인은 정당화될 수 없고 자기보존은 결코 폭력의 윤리적 정당화에 충분조건이 아니라고 설명한다. 그렇다면 이는 극단적 평화주의와 비슷한 절대적 평화주의일 것이다."[36] 이점에서 레비나스에게 윤리라는 것은 타자가 나를 해할지도 모른다는 공포와 불안이 살인행위로 돌변하지 않도록 억제하는 투쟁을 의미한다고 버틀러는 해석하고 있다.

이처럼 레비나스와 버틀러가 주장하는 것과 같은 타자의 불확실한 삶과 폭력을 금지하는 타자의 '얼굴'에서 출발하는 윤리학은 자율적이고 독립적인 주체를 상정하는 기존의 윤리학과는 달리 자아와 타자 간의 상호의존성을 강조하는 보살핌 윤리와 일맥상통한다. 여성, 어린이, 노인, 사회적 약자나 아웃사이더를 포함하는 사회적 지평 안에서 이해 가능한 것으로 나타나는 트론토Joan Tronto의 보살핌 윤리도 이들과 동일한 윤리적 문제선상에서 이해할 수 있을 것이다.

죽음의 공포를 포함하여 인간에게 수많은 형태로 나타나는 공포의 상징성은 갖가지 악을 양산할 수 있기 때문에, 중요한 것은 어떻게 공포가 악으로 빠지지 않을 수 있는가를 짚어내는 것이다. 타자의 얼굴이 호소하는 것을 지워버리는 타자성의 삭제와 무배려는 악으로 빠져들거나 혹은 정상적이지 않은 공포, 즉 병적인 공포로 확산된다. 지금 현재 우리나라의 모습이 바로 병적 공포가 지배하고 있는 사회의 모습이 아닐까?

4장 병적 공포가 사회를 잠식할 때

그렇다면 병적 공포란 무엇인가? 일단 정신의학적으로 공포 장애, 혹은 공포증, 또는 포비아Phobia라는 용어는 우리는 일 반적이지 않은 병적인 공포 상황을 나타낼 수 있을 것이다. 앞서 살펴보았듯이, 공포증은 일반적으로 처음의 예상치 못 한 위험한 상황이나 활동, 대상 등으로 야기된 공포감이 억 제되어 있거나 잠재된 상태로 있다가 다른 비슷한 상황에 처할 때 일어나는 불안 장애의 한 유형이다.

2017년 현재 우리 사회에서 살아가고 있는 평범한 사람 들의 모습에서 이러한 병적인 공포증이 광범위하게 퍼져나 갔음을 목도한다. 언제, 어디서 분노조절장애 환자에 의해 칼을 맞을지도 모른다는 공포, 타인에 대한 불신에서 오는 공포, 언제 어디서 몰래카메라에 찍힐지도 모른다는 여성들 의 공포, 가족관계에서 비롯되는 공포감 등등, 예전에는 상 상하기 힘든 공포와 피로감이 현대인을 잠식하고 있다. 그러나 대부분의 사람들이 그것을 '공포'라는 사실 자체로 자각하지 못할 뿐이다. 따라서 현대의 정신의학에서 다루는 공포증처럼 '공포'의 문제를 병리적인 관점에서 접근하는 것이 아니라 사회적인 관점에서의 접근이 필요하다.

앞서 언급했던 어둠에 대한 공포는 물리적인 자연이 주는 공포에 속한다. 전깃불의 발달로 인한 낮의 연장과 밤의 활동성의 증가로 인해 현대에는 어둠의 공포는 많은 부분 극복되었다. 과학기술 문명의 발달은 자연이 주는 공포에서 인간을 해방시켰지만 그와 반비례해서 현대인들은 인간관계에서 오는 공포에서 한걸음 뒷걸음친다. 나의 이웃, 학교, 직장, 심지어는 나의 가족들조차도 경계해야 할 대상인 유해한 사람들인지도 모른다. 현대는 이제까지의 인류의 역사 중 가장 안전한 시대라고 할 수 있는데 사람들이 갖는 공포는 그 끝이 없이 확산되고 있다. 그리고 점점 더 병적인 공포와 정상적이고 개연성 있는 공포 사이의 간극이 줄어든다.

2015년 1월에 인천에서 발생한 어린이집 교사에 의한 4세 여아의 폭행은 전 국민적 분노를 불러일으켰다. CCTV 화면 안에서 작고 연약한 네 살배기 아이가 덩치 큰 어린이집 교사가 날린, 분노에 차 있는 듯한 펀치에 나가떨어지는 모습은 충분히 아이를 키우는 부모들의 공분을 일으킬 만했다. 이 사건이 언론에 보도가 된 후 폭행한 어린이집 교사의 신상이 털려 인터넷에 퍼져나갔고, 이 사건과 무관한 사람의 전화번호가 폭행 교사 남편의 번호라고 잘못 알려져, 엄청난 시달림을 받게 됐다고 한다. 이 사건은 어린이집 폐쇄회로CCTV 설치 찬반 논란을 불러일으켰고, 결국 2015년 4월 30일 어린이집 CCTV 설치가 의무화되었다. 일각에서는 박봉에 아이들 돌봄노동뿐만 아니라 행정업무까지 처리해야 하는 보육교사들을 잠재적 범죄자로 보는 것이 아닌가 하는 의견이 나오고 있다. 몇몇의 폭행 사건을 통해 야기된 불신이 보육교사 전반에 대한 불신으로 확대되고 있는 것은 사실이기 때문이다. 그럼에도 불구하고 혹시 내 아이가 어린이집에서 맞거나 학대당하는 것은 아닌가 하는 학부모의 걱정과 공포 역시 당연한 것이다. 문제는 무분별한 정보의 공유를 통해 그 공포감이 눈덩이처럼 불어날 때, 그 공포가 양산해내는 광적인 폭력성이 존재한다는 것이다. 우리나라에선 어떤 특정한 공포감을 불러일으키는 사건이 터질 때마다 병적일 정도의 신상털기가 이루어지며 이를 온 국민이 공유할 수 있는 네트워크가 구축되어 있다. 인터넷과 구글링을 통해 특정 인물의 거의 모든 것이 대중 앞에

까발려지고 정신적이고 사회적인 폭격을 받는다. 어떤 사건을 통해 받은 공포감은 인터넷 공간에서 한 사람의 옷을 벗겨 돌을 던지는 마녀사냥을 통해 또 다른 자극적인 공포감을 불러일으킨다. 일반인인 나도 까딱 실수하면 마녀재판을 받겠구나 하는 공포감. 아마 위의 사건을 통해 상식적이고 평범한 보육교사들이 느꼈을 만한 공포감은 이러하지 않았을까?

이제 우리는 누구를 믿을 수 있을까? 내 주변에 있는 사람들은 믿을 수 없는 사람들 투성이다. 아이를 가진 부모들은 어린이집에서 유치원, 중고등학교에 이르기까지 아이들이 처할 수 있는 교사의 폭행과 학교 폭력의 위험 그리고 성폭력 앞에서 공포를 갖는다. 심지어 학교 교사마저도 아이들을 성추행하거나 성폭행할 수 있는 잠재적 범죄자일 수 있다는 사실은 절망적이다. 문제는 예전 같으면 병적이라고 치부될 수도 있는 이러한 공포감이 매우 개연성 있는 공포라는 것이다. 내 앞에서 웃고 있는 내 아이의 보육 교사가 언제 돌변해 내 아이를 학대할지, 내 아이를 담당하고 있는 학교 교사가 언제 내 아이를 성추행할지 모르는 것과 마찬가지로, 부안군 섬마을 여교사 성폭행 사건에서 볼 수 있듯이 이제 젊은 여교사들은 믿었던 학부모들에게도 성폭행을 당할지도 모른다는 두려움을 가질 수 있다. 너무나 익숙한 공간인 나의 집에서 행복한 시간을 함께 보냈던 전 남자친구는 갑자기 내 집에 찾아와 반려견을 죽이고 나를 폭행할 수 있다. 익숙하고 친숙한 공간인 내 집은 돌연 낯설고 두려운 공간으로 돌변하고 나는 한때 나와 가장 친밀한 사이였던 전 애인이나 전 남편에 의해 살해당할 수 있다.

현대로 접어들면서 더 이상 열정적 사랑이 불가능하고 힘들어지는 이유 역시 인간관계에 대한 불신과 공포와 맞닿아 있다. 마법에 걸린듯 불같이 타오르는 사랑, 왜 내가 사랑해야 하는지 그 이유를 알 수 없는 나와 연인 간의 구분이 모호한 몰아적 사랑, 합리적인 상호이해 득실과는 상관 없는 "무상적이고 사심없는 유대"로서의 사랑, 그 누구도 이해해줄 수 없는 진정한 나를 무조건적으로 받아들일 수 있는 친밀한 사랑의 관계 등. 우리가 흔히 사랑에 대한 고전적인 의미는 현대의 애착관계와는 거리가 먼 듯하다. 트리스탄과 이졸데, 로미오와 줄리엣, 안나 카레니나 등 문학에서 구현되고 있는 원형적인 열정적 사랑 이야기는 바람직한 사회 관계를 벗어난 것으로 사회질서와 의무의 측면에서는 위험한 것이다. 그리하여 불륜이건 아니건 이들 이야기는 사회규범을 일탈한 주인공의 비극적 죽음이라는 종말로 치닫는다. 이러한 미래를 설정하지 않는 불같은 사랑의 종말에 현대인들은 얼마나 공감할 수 있겠는가?

많은 사람들이 최고의 연애 소설로 꼽는 19세기 초반 작품인 《폭풍의 언덕》의 열정적 사랑을 떠올려보자. "나는 히스클리프이다"라고 외치는 여주인공 캐시의 열정은 소설 속에서나 가능한 이야기가 되었다. 일루즈Eva Illouz는 《사랑은 왜 아픈가?: 사랑의 사회학》에서 나와 타자를 구분하지 못하는 이들 연인이 겪는 사랑의 아픔을 현대의 심리학자들이 조명할 때 "개인의 정서 미숙 혹은 정서장애"라고 규명할 수 있다고 본다. 주객을 분간하지 못하는 사랑은 현대에서는 일종의 병리학적 증상으로 여겨질 수 있다.[37] 정신분석학 담론이 결부되면서 이들의 문제는 개인의 심리발달이나 과거의 트라우마에서 기초하고 있다고 보여질 수도 있다. 일루즈에 따르면, 현대에 접어들면서 심리학자, 정신분석학자, 연애 컨설턴트 등의 등장과 더불어 이제 사랑과 결혼은 두 연인이 삶과 죽음 속에서 열정적으로 영혼의 결합을 열망한다는 근대적인 관점이 사라지고, 합리적이고 도구적인 관점에서 나에게 보다 이익이 되는 팀워크를 이루는 협력자의 모색으로 대치된다. 그리하여 중세 이탈리아에서의 로미오와 줄리엣은 파티장에서 서로를 보고 미친듯이 첫눈에 반해

버리고 죽음을 불사하는 위험한 짓도 마다하지 않지만 이것은 현대에서는 결코 미덕이 될 수 없다. 인터넷 채팅 어플에서 만난 누군가를 첫눈에 보고 광적이고 불같은 사랑에 빠진 사람이 있다고 치자. 그녀 혹은 그의 지인들은 아마도 심리 상담을 받거나 병원에 가보라고 조언을 할 것이다.

이제 열정적 사랑은 사라져간다. 당신은 당신의 연인을 신뢰할 수 있는가? 이 사랑이 끝없이 이어질 것이라고 믿는가? 이 사람과 결혼해 죽을 때까지 행복하게 살 수 있다고 믿을 수 있는가? 만일 이 시대 이러한 믿음을 가지고 있는 사람이 있다면 그는 치명적일 정도로 무지하고 순진하다고 평가받을 것이다. 바야흐로 열정적 사랑에 빠져드는 것이 공포스러울 수 있는 시대가 도래했다. 첫만남의 육체적인 떨림, 육성, 빨라지는 심장박동의 감지, 이처럼 고전적인 의미에서 첫눈에 반한다는 것, 혹은 강렬한 호감을 느끼며 고양되는 감흥, 몇 번 보지 않은 사람을 밤새 생각하고 고통과 전율을 느끼며 손편지를 쓴다는 것. 이것은 이 시대에는 폐기해야 하는 병적인 사랑이다. 우리는 열정적 사랑이 주는 그 영혼을 불태우는 달콤함과 광폭한 고뇌와 비참함 속에서 자기를 파기하는 경험과 거리를 두어야 한다. 만남이 합리적이고 표피적이 될수록 열정적 사랑에 대한 목마름은 남아 있지만, 현대 사회는 사회와 유리되는 친밀하고 열정적인 관계를 공포스럽게 바라볼 것을 촉구한다. 이 시대에 열정적 사랑은 유해하다. 아니, 거의 불가능하다. 나는 나와 가장 친밀한 관계를 맺고 있는 자에 대해서 합리적으로 사고하는 시간을 가져야 하며, 광적인 열정의 감정을 다스리고 길게 보고 이 관계를 컨트롤할 수 있는 안목을 가질 때, 안전한 관계에 접어들 수 있다. 이것은 특히 (많은 경우 여성일 때) '나'의 생존과 관련된 문제다.

이제 2015년에 봄과 초여름에 한국을 강타한 전대미문의 공포에 대해 이야기해야겠다. 이 공포는 정상적인 공포와 병적이고 광적인 공포의 경계를 허물고, 실재와 모사의 차이를 지워버렸다. 바로 메르스로 불리우는 신종 코로나 바이러스로 인한 어마어마한 공포다. 메르스 사태로 인해 다시 재조명되고 있는 영화 〈감기〉에 대한 이야기부터 시작해야겠다. 2013년 작 〈감기〉는 호흡기로 감염되는 치사율 100퍼센트의 변이된 조류독감 바이러스를 소재로 한다. 나는 이 영화를 메르스가 창궐하기 시작한 2015년 6월 초에 봤는데, 실제가 아닌 가상의 현실을 다룬 이 영화가 소름끼치도록 2015년 6월의 모습을 닮아 있고 예지하고 있음에 매우 놀랐다. 시민의 안전보다는 사익을 챙기고 다음 선거

에서의 표를 얻기 위한 행보를 계산하는 분당 지역구 국회
의원과 정치인들, 의사로서 환자들을 살려야 한다는 명분보
다는 자기 딸의 안위를 위해 무슨 짓이든 서슴지 않는 이기
적인 여주인공, 신분 지위고하를 불문하고 폐쇄된 분당에서
전염병에 속절없이 노출된 분당 시민들. 영화 속에서 그들
이 대변하는 모습들은 실제보다 더 실제와 같은 초과실재
hyperreality이다. 2015년의 현실에선 다행히 인구 45만의 분당
이 폐쇄된 것은 아니지만 전북 순창 지역에서 한 명의 메르
스 확진자가 나온 탓에 인구 100여명 정도의 마을 하나가
실제로 폐쇄되었다. 한 달 남짓한 기간 동안 메르스 감염
확진을 받은 환자들은 200여명을 육박하고 그들의 가족들
과 접촉자들 등 자가격리자는 만 6천여 명을 넘어섰다.

치사율 100퍼센트는 아니지만 10퍼센트 이상의 치사율
을 지닌 메르스가 대한민국 국민들에게 어떤 공포감을 주
었는지는 말할 나위가 없다. 영화 〈감기〉는 한국의 밀입국
브로커가 평택항으로 변이된 바이러스에 감염된 동남아인
들을 들여오는 데서 시작하는데, 공교롭게도 2015년 메르
스가 시작된 곳은 실제로 '평택'의 한 병원에서였다. 현실과
다른 점이 있다면 아마도 영화에서 등장하는 강대국에 휘
둘리지 않으면서 자국민을 먼저 생각하고 살리려는 대통령

이 우리에게는 부재한다는 것일까.

이 영화가 보여주는 극도의 처참함은 아마도 비체abject로 전락한 감염자들일 것이다. 감염자들의 시체는 포크레인으로 종합운동장에 옮겨 다 불태워버린다. 아직 살아 있는 사람도 있지만 그들의 생명권과 인권은 안중에 없다. 서구 문명과 의술을 들여오면서 이제는 구시대의 잊혀진 병이라고 간주되던 일종의 역병과 같은 것이 현대에 창궐하게 되면 그 처리 방식이 더 잔인해질 수 있음을 보여주는 장면이다. 영화처럼 그 비참함이 극대화되지 않았지만, 현실에서 메르스 환자들의 시체 처리 방식 역시 인간의 마지막 존엄성을 지켜주는 일반적인 장례의식과는 거리가 멀다.

2015년 6월 25일 방송된 JTBC 〈뉴스룸〉 앵커브리핑에서 손석희 앵커는 영화 〈레미제라블〉(2012) 중 탈옥수 장발장을 쫓던 자베르 경감에 비유해 메르스 환자들을 언급했다. 손석희 앵커는 "그는 장발장을 이름으로 기억하지 않았다. 자베르의 기억 속 장발장은 그저 24601. 19년간 감옥에서 불렸던 그의 수인번호, 이름이 필요 없는 영원한 죄수일 뿐이었다"고 했다. 이어 사망한 42번 메르스 환자를 언급하며 "그녀는 수의도 없이 비닐팩에 담겨 화장터로 향했다. 대상포진을 앓았을 뿐인 54세 여성이었다. 어머니가 투병 19

일 만에 세상을 떠난 뒤 그의 젊은 딸은 잠도 밥도 취하지 못한 채 죄책감과 우울증에 시달리고 있다"고 했다."[38]

비닐팩에 실린 시신은 무서운 전염병을 옮길 수 있는 오염물에 지나지 않는다. 시체는 인간의 몸 안에 있다가 나오는 순간 혐오스러움을 유발하는 침, 똥, 오줌, 정액, 월경, 혹은 병을 유발할 수 있는 상한 음식 등의 오염물들 중 가장 혐오스러운 오염물인 비체다. 시체는 우리 삶이 덧없음을 상기시키고, 건강한 나의 육체도 언젠가는 병들어 죽게 될 것이라는 사실을 상기시킨다는 점에서 매우 혐오스럽다. 인간의 혐오 반응은 일반적으로 죽음과 퇴화에 대한 인식에 크게 영향을 받기 때문이다. 그중에서도 전염병에 걸려 죽은 '오염된' 시체는 가장 혐오스러운 반응을 일으킨다고 볼 수 있다.

너스바움Martha Nussbaum이 밝혔듯이, 오염된 물질을 혐오스럽게 생각하는 것은 '전염'이라는 생각에 의해 좌우된다. 이것은 유해하지 않은 물질과 혐오물질 간의 과거 접촉이 받아들일 수 있는 물질을 거부하게 만든다는 것이다. "과거에 접촉했던 사물은 이후에도 서로에게 영향을 끼친다는 것이다. 죽은 바퀴벌레가 주스 잔에 떨어지면, 사람들은 이후로 같은 잔에 담긴 주스를 마시길 거부한다. 전염병이 있는 사람이 입었던 옷은 깨끗이 세탁한 후에도 입으려 하지 않으며, 많은 사람들을 옷을 통해 간접적으로 접촉하게 되는 것을 두려워한다."[39] 오염된 음식물에 대한 혐오는 그것이 위생이나 전염과 즉결되어 있는 만큼 매우 즉각적이고 기본적인 혐오다. 또한 자신의 몸 안에 있을 때는 혐오스럽거나 오염되어 있다고 간주되지 않지만 입 밖으로 뱉으면 더러운 것이 되는 자신의 침이 들어간 음료수를 마시지 못하는 경우를 통해 볼 때 혐오는 관념적 내용을 포함할 수 있다. 혐오가 담고 있는 관념적 내용이란 역겨운 물질을 섭취함으로써 자신이 저열해지거나 오염되거나 전염될 수 있다는 생각이다.

이처럼 전염의 생각은 인간에게 엄청난 혐오를 불러일으키고, 그 극점에 있는 것이 병에 전염되어 죽은 시체, 즉 접촉을 통해 언제 나에게 죽음에 이르는 병을 유발할지 모르는 비체로서의 시체와 철학적이고 심리적인 이유를 모두 다 떠나서 누가 전염병에 걸려 나를 '오염'시키고 '전염'시킬 수도 있는 사람들과 시체들을 보기를 환영하겠는가? 그리하여 물질 문명과 의학이 최고조로 발달했다는 이 시대에도 메르스라는 전염병은 너무도 합리적인 것과는 다른, 본능에 가까운 정서인 혐오의 원리에 의해 지배받으며, 망자에 대한 최소한의 예를 갖출 수 있는 관과 장례 절차를 허하지 않게 된다. 여기서 인간의 인간다움은 한갓 비체로 전락한 물질로서의 신체 앞에서 그 최소한의 존엄성도 잃고 만다.

또한 적지 않은 수의 자가 격리자들이 인터넷에 종종 쏟아내는 증언에 따르면, 이들 역시 심리적인 오염을 두려워하는 전염의 법칙에 의해, 사회로부터 격리당한다. 메르스라는 병 자체가 비말을 통한 접촉 감염이 주이기 때문에 오염되지 않은 자들과 오염됐을 수도 있는 자들 자체의 접촉이 차단당한다. 접촉의 기피는 인간 사회의 이기적인 집단 심리를 더욱 부추겼다. 확진자나 자가격리자의 자녀가 다녔던 학원에는 학생들이 더 이상 가지 않고, 심지어는 경쟁 학원에서 전염의 위험이 없는 잘나가는 학원에 확진자의 자녀가 다녔다고 거짓 유언비어를 퍼트리는 경우도 있었다 한다. 이제 내가 아무도 신뢰할 수 있는가 없는가 하는 문제를 떠나 전염물질을 퍼뜨리고 다닐지 모르는 불특정 다수와 공용 공간에서 스치고 접촉하면서, 나는 과연 이 속에서 살아남을 수 있는가 하는 공포가 지배하는 사회가 되어버렸다.

현대는 다른 시대에 비해 상대적으로 전염의 공포로부터 자유로워 보이지만, 위와 같이 새로운 신종 전염병이 생겨나고 새로운 병원체가 진화하고 있다. 전염병은 메르스처럼 감염된 사람으로부터 전파되기도 하지만 동물이나 기타 병원소로부터 전파되기도 한다. 2016년 말부터 닭이나 오리 사이에서 감염되고 인간에게도 감염될 가능성이 있는 조류 독감이 다시 전국적으로 확산되고 있다. 이에 따라 인간에게 전염병을 옮기는 병원체로 간주되는 수천만 마리의 산란계와 육계가 살처분되었다. 인간에게 고기와 계란을 제공하기 위해 좁은 컨테이너에서 공장식으로 사육되던 수천만 마리의 닭은 순식간에 우리가 먹을 수 있는 맛있고 정결한 음식에서 부정결한 오염물로 전락하고 폐기된다. 닭이 연상시키는 전염의 관념은 닭고기를 65도 이상에서 조리하면 괜찮을 수 있지만 여전히 먹기에는 위험한 혐오물질로 전락한다. 그리고 소수의 사람만이 한순간에 살처분된 닭과 오리의 짧은 생과 고통에 대해서 생각한다.

전염에 대한 공포가 혐오를 불러 일으키듯이, 혐오의 정서는 미디어 매체와 인터넷을 통해 사람들을 전염시키는 힘이 있고, 확산된 혐오는 사회 구성원들로 하여금 다시 공포의 정서로 이끈다. 이러한 맥락에서 2부에서는 인간 사회에서 작동하는 혐오와 공포가 어떻게 밀접한 연관을 지니고 있고, 악을 양산해내는지를 밝혀볼 것이다.

2부

공포와 혐오 그리고
악의 소용돌이 속에서

프롤로그:

2017년, 대한민국을 휩쓰는 혐오의 바람 - 벌레들의 시대

지금 벌레들의 시대가 도래했다. 2017년 현재 헬조선에 사는 사람들 대다수 벌레들이다. 처음에는 몰상식하고 민폐를 끼치는 집단에 대한 혐오와 폄하의 표현인 '~충'이라는 표현이 나에게 조금이라도 불이익을 주는 집단, 혹은 나와는 다른 생각과 태도를 갖는 사람들을 싸잡아 매도하는 데 쓰이면서 온갖 벌레들이 범람하고 있다. 공공장소에서 민폐를 끼치는 엄마들은 '맘충', 자전거를 타고 도로에 나오면 '자전거충', 대학 수시 전형 입학생들은 '수시충', 토익 공부에 매달리면 '토익충', 아르바이트생들은 '알바충', 지방에 살면 '지방충'이 된다.[1] 그 외에도 자식을 버릇없이 키우는 애비충, 맥락에 안 맞게 진지한 말을 하는 진지충, 담임충, 좌좀충, 우꼴충, 노인충 등 벌레충은 온갖 집단에 붙여질 수 있다. 그러나 헬조선에 거주하는 대다수의 벌레들을 제외한 상위 1퍼센트에게 '~충'자를 붙이는 경우는 극히 드물다. 말하자면 흙수저들끼리의 경쟁이 치열하게 이루어지고 있다. 이 흙수저들끼리 경쟁하고 자신들의 이익에 따라 행동하고,

이에 조금이라도 불이익을 끼칠 것 같은 사람들이나 집단은 철저하게 배격하고 혐오한다. 아무리 발버둥쳐도 자신은 벌레에 지나지 않는다는 모멸감, 그 위에 덧붙여지는 나와 다른 타자를 인정과 관용으로 감싸기보다는 혐오의 감정으로 차별하려는 정서. 다람쥐 쳇바퀴 도는 듯한 헬조선의 자칭 벌레로서의 청년들에게는 해외로 취업해서 헬조선이라는 지옥불반도를 탈출하기 전에는 별다른 희망이 없어 보인다.

그런데 언제부터 한국 사회를 강타하는 정서가 다름 아닌 '혐오'가 되었을까? 한국어 위키백과에 따르면 혐오란 "어떠한 것을 공포, 불결함 따위 때문에 기피하는 감정[정서]으로, 그 기피하는 정도가 단순히 가까이 하기 싫어하는 정도가 아닌 감정[정서]을 의미"한다.[2] 벌레는 인간에게 공포감과 동시에 불결함을 불러일으켜서 옆에만 있어도 소스라치게 놀라고 기피하는 대표적인 존재다. 혐오라는 부정적인 정서는 혐오하는 대상뿐만 아니라 혐오하는 주체에게도 내면적으로 매우 불쾌하고 부정적인 영향을 끼치는 정서다. 이처럼 주객을 모두 엄청나게 피폐하게 만드는 정서가 현재 우리를 강타하고 있는 것이다. 매일 뉴스 기사를 도배하다시피 한 갖가지 살인과 폭력 사건들, 남편이 아내를 죽이고,

남자친구가 여자친구나 전 여자친구를 흉기를 휘둘러 살해하고, 부모가 어린 자식을 폭행하고 방치해서 살해하고, 자식이 부모를 죽이는 사건들. 이들의 내면에 존재하는 것은 혹시 죽여야 할 만큼의 분노를 일으키는 상대방에 대한 혐오뿐만 아니라, 자기혐오와 모멸감이 있는 것은 아닐까?

인터넷 사이트를 중심으로 불고 있는 갖종 혐오는 대표적인 혐오 대상인 여성에 국한되지 않고 다른 사회적 약자들인 성소수자, 장애인, 이방인, 심지어 세월호와 같은 참사를 겪은 유족들에게까지 그 불똥이 튀고 있다. 2014년 가을, 단식 농성을 하는 세월호 유족들 앞에서 폭식 투쟁을 행한 일베의 행동은 약자에 대한 조롱과 비난이 난무하는 광경을 목도하게 했다. 이들의 내면을 지배하고 있는 타자에 대한 혐오와 조롱을 어떻게 바라보아야 하는 것일까? 이들은 혹시라도 자신에 대한 모멸감과 박탈감에서 오는 자기멸시를 타자에게 투사하는 것은 아닐까?

1장 혐오의 배후에는 공포가 존재한다

공포와 혐오. 일견 큰 관련이 없어 보이는 두 단어이지만 사실 이 둘은 쌍둥이처럼 닮아 있다. 공포라는 정서는 혐오를 불러일으킬 수 있고, 혐오는 공포라는 그림자를 달고 다닌다.

리쾨르Paul Ricoeur는 흠이 죄와 결부되기 이전의 고대 사회에서부터, 부정타는 데서 오는 두려움이 존재했다고 보고 있다. 사람이 고난을 당하는 것은 부정을 탔기 때문이며, 이처럼 고대인들은 두려움과 떨림 속에서 흠과 고난의 인과관계를 만들어냈다는 것이다.

어느 문화나 부정 타는 것에 대한 두려움과 그것을 씻고 정화시키는 제의 작업을 통해 흠을 제거한 깨끗함을 추구하는 것이 존재한다. 흠이란 물리적인 더러움과 같은 것이다. 리쾨르에 따르면 어떤 문화권이든지 흠의 영역에서 특히 엄격하게 다룬 것이 성과 관련된 금기다. "성의 금기에는 흠의 세계가 물질과 비슷하다는 것 때문에 비롯되는 아리송

한 측면들이 들어 있다. 예를 들어 아이는 부정하게 태어난다. 아빠의 정액이 부정하고 엄마의 자궁과 출산이 부정하기 때문이다."[3] 이처럼 성교는 오염을 동반하는 것이며, 무접촉과 처녀성, 즉 흠 없는 순결함과 처녀성은 한 쌍이다. 이러한 관념은 유대-기독교주의 속에서 더욱 강화된다. 이러한 이유로 성교를 통한 신체 분비물과의 접촉이 없는 흠없이 순결한 성녀와 여러 남자의 체액으로 더럽혀진 창녀라는 여성에 대한 이분법이 창출하게 된다.

흠에 대한 리쾨르의 분석은 혐오스러운 대상에 대한 사회적이고 문화적인 맥락을 분석하는 너스바움의 생각과 일맥상통할 수 있다. 너스바움은 먼저 '혐오'라는 정서의 심리적이고 문화적인 배경을 설명한다. 너스바움은 메닝하우스 Winfried Menninghaus의 생각에 따라 대개 역겨움의 대상은 오염물이고 혐오는 오염된 대상과의 "원치 않는 가까움"을 거절하는 정서라고 본다.[4] 배설물, 콧물, 정액, 생리혈 등 인간의 신체 분비물은 거의 대부분 우리를 오염시킨다고 간주되며, 이것을 섭취하는 것을 꺼려한다. 이러한 신체 분비물들과 접촉하는 사람은 오염되어 있다고 생각한다. 예를 들어 인도의 불가촉천민은 배설물이 있는 화장실을 청소해야 하는 불결하고 오염된 존재로 간주된다. 인간의 신체 분비물

중 눈물만이 유일하게 혐오를 유발하지 않는데, 이 이유는 눈물만이 인간적인 분비물로서 다른 동물과 구별되는 것이라고 생각하기 때문이다. 동물적인 분비물이나 부패한 것과 섞이거나 흡수한다면 우리 자신의 죽음을 초래할 수 있다는 데서 오는 인간의 본능적이고 원초적인 두려운 정서가 바로 혐오다. 이러한 측면에서 혐오란 공포의 정서를 그 밑바탕에 깔고 있다.

다른 한편 혐오는 또한 우리 자신의 동물성을 은폐하고 인간의 유한성과 육체성을 인정하지 않으려는 자세다. 인간의 삶은 물질과 냄새를 내뿜는 지저분한 과정이지만 이로부터 거리를 두면서, 인간은 자신이 다른 동물들과 마찬가지로 배설하고 분비하는 유한한 육체를 갖고 있음을 잊는다. 이러한 맥락에서 너스바움은 혐오란 "기본적으로 우리가 지닌 동물성을 숨기고, 우리 자신의 동물성을 꺼려할 때 현저히 드러나는 유한성에서 벗어나고자 하는 감정[정서]"[5]이라고 정의내린다. 이때 모든 동물이나 모든 동물성이 우리를 불쾌하게 하는 것은 아니다. 힘과 속도, 이러한 특성을 보여주는 동물은 혐오를 일으키진 않는다. 너스바움에 따르면 "우리가 두려워하는 것은 다른 동물과 공유하고 있는 일정한 형태의 취약성이며, 우리 자신이 퇴화하거나 폐기물이 되어가는 경향"[6]이라는 사실이다. 다시 말해 혐오의 정서는 우리가 늙고 병들어가는 유한한 육체성에 대한 공포의 정서에 다름 아닌 것이다. 이러한 측면에서 혐오와 공포는 동전의 양면처럼 늘 같이 가는 한 쌍이다.

너스바움은 인간(으로 통칭되는 남성)이 진정한 인간과 저열한 동물 사이의 경계선을 긋기 위해 유사 동물을 만들어 냄으로써 자신들이 갖고 있는 동물성과 유한성, 그리고 취약함을 잊고 거리를 두게 된다고 본다. 그래서 "유사 이래 특정한 혐오의 속성들(점액성, 악취, 점착성, 부패, 불결함)은 반복적이고 변함없이 일정한 집단들과 결부되어 왔으며, 실제로 그들에게 투영되어 왔다. 특권을 지닌 집단들은 이들을 통해 자신들의 보다 우월한 인간적 지위를 명백히 하려고 한 것이다. 유대인, 여성, 동성애자, 불가촉천민, 하층 계급 사람들은 모두 육신의 오물로 더럽혀진 존재로 상상되었다."[7]

《혐오와 수치심》에서 너스바움이 인용하는 킴David Kim에 따르면, "혐오는 철학적 전통에서 매개되거나 거리를 지닌 감각보다는 '접촉적인' 감각으로 간주되는 세 가지 감각(시각이나 청각보다는 촉각, 후각, 미각)과 밀접하게 연관된다"고 보고 있다.[8] 왜냐하면 혐오의 정서는 혐오스러운 대상과 자신 사이의 경계를 설정하고 거리 두기를 원하기 때문이다. 따라서 주로 혐오를 유발하는 것은 악취나 끈적거리는 촉감, 그리고 불쾌한 맛과 연관이 된다.

이러한 맥락에서 2000년대 중반, 한국 여성을 비하하던 혐오 발언에 내포하는 남성들의 무의식적 메커니즘을 파악할 수 있다. '개똥녀', '된장녀', '김치녀' 등 ○○녀를 특징짓는 자극적인 단어들은 혐오를 유발하는 후각, 촉각, 미각의 메커니즘을 잘 활용하여, 여성을 폄하하고 비하한다. 끈적거리고 냄새나고 시큼한 이들 여성들은 정상적이고 개념에 차 있다고 상정되는 남성 주체로부터 거리를 두고 혐오해야 할 그 어떤 무엇이다. 앞서 말했듯이, 2000년대 중반에 난립하던 이들 수많은 ○○녀들이 '김치녀'로 통합된 데에는 어떤 심리적 이유가 있을까? 김치녀로 통합되는 한국 여성들뿐만 아니라, 일본 여성을 '스시녀'라고 부르면서 왜 유독 여성을 먹을 것과 관련시켜 비하하는 데 이를까? 물론 여기에는 김치와 된장과 같은 자국민의 발효식품이 저열한 음식에 속한다는 독특한 한국만의 사대주의적 발상이 존재하는 것이 사실이다. 그럼에도 불구하고 음식물 혐오와 여성혐오는 현재 한국에서만 보여지는 특이한 현상이라 할 수 없고, 그 연원은 인류의 역사와 더불어 다양한 문화권에서 매우 뿌리 깊게 자리 잡고 있다.

인간은 누구나, 특히 많은 음식물을 접해보지 못한 유아기나 아동기에 심리적인 음식물 혐오를 지니고 있다. 이러한 맥락에서 크리스테바Julia Kristeva는 《공포의 권력》에서 음식물 혐오에 대한 심리적 연원에 대해 추적한다. 그는 아브젝시옹abjection을 "자신을 위협하는 것에 대항하는 존재의 격렬하고도 어렴풋한 반항"[9]이라고 정의내린다. 음식물이나 더러운 것, 오물에 대한 혐오감과 그로 인한 근육의 경련이나 구토는 그런 더러운 것들과 경계 지우고 나를 멀어지게 하고 피해가는 아브젝시옹의 과정이다. 이 중에서도 음식물에 대한 혐오는 가장 오래되고 기본적인 형태의 아브젝시옹이다.[10]

크리스테바는 그 일례로 우유의 표면에 있는 손톱 부스러기처럼 보기 흉하고 잎담배를 마는 종이처럼 얇은 막을 든다. 그리고 그것이 눈에 띄거나 혹은 입술에 닿았을 때, 목구멍을 지나 좀 더 아래로 위장과 배로 내려가 모든 내장은 경련을 일으키고 눈물과 담즙이 분비되고 가슴이 방망이질치며, 이마와 양손에 땀이 맺히는 혐오와 아브젝시옹의 과정을 묘사한다. 그리고 이 음식물에 대한 아브젝시옹은 이 유지방을 준 부모로부터의 분리와 아브젝시옹을 의미하기도 한다. 꼭 크리스테바가 지적하지 않더라도 누구나 한 번쯤은 어린 시절 원치 않는 음식물을 부모의 강요에 섭취해야 했던 경험이 있을 것이다. 여름철 얼음을 띄운 콩국수는 누구에게는 맛있는 음식이지만, 그것을 식탁 앞에서 처음 접한 어린아이에게는 비리고 혐오스러운 음식이다. 부모는 콩국수 그릇을 다 비워내기를 강요하지만, 이 역한 음식을 겨우 다 비워낸 어린아이는 다시 그릇 안에 그것을 다 게워내기에 이르고, 그릇은 다시 콩국수를 비워내기 전처럼 한가득 찬다. 어떤 아이는 생선을 먹는 것에 대한 공포가 있다. 그러나 편식을 허용하지 않는 엄한 아버지는 생선 한 마리가 담겨 있는 접시를 아이 앞으로 밀어 넣고 먹을 것을 강요한다. 억지로 생선 한 마리를 먹은 아이는 바로 화장실로 달려가서 변기에 생선 한 마리를 그대로 게워낸다. 이처럼 특정 음식물에 대해 아이가 갖는 혐오와 공포는 바로 부모로부터의 분리와 반항으로 이어진다.

《공포의 권력》에서 크리스테바는 또한 종교적으로 나타나는 음식물에 대한 오염의 관념과 혐오의 정서의 연원에 대해 지적하고 있다. 인도의 브라만 교도들의 경우, "식사나 음식물에 대해 매우 엄격한 규칙을 적용하고, 음식을 먹기 전보다 먹은 후에 더 더러워진다고 생각한다."[11] 이러한 맥락에서 음식물은 매우 원초적인 의미에서의 비체다. 음식을 섭취함으로써 인간은 더 더러워지고 오염된 존재가 된다.

크리스테바는 《성서》의 경우, 창세기에서도 선악과를 먹는 것에 대한 금지를 통해 인간과 신의 차이가 음식물에서 비롯되고 있음을 보여준다. 최초로 금한 음식물을 인간이 위반한 배경에는 뱀의 유혹에 빠진 여성이 존재한다. 성서는 이와 같이 특정 음식물에 대한 금지와 공포의 이면에는 여성혐오와 공포가 자리 잡고 있음을 보여준다. 또한 《성서》에서 육식과 채식은 인간과 신 사이를 최초로 분할하는 수단으로 작용하는 것으로 나타난다. 신에게는 살아 있는 동물을 바치는 동물 번제가 행해졌고, 인간에게는 채식만이 허용됐는데, 대홍수 이후 인간에게도 육식이 허용되었다. 그러나 그 허용된 육식은 매우 엄격한 방식으로 체계화된다. 《성서》의 〈레위기〉 11장에서는 먹을 수 있는 정한 동물과 먹지 말아야 할 부정한 동물에 관한 규정이 나열되어 있다. 인간은 육식 동물을 먹으면 안 되고, 굽이 갈라지고 새김질하는 초식 동물만을 먹어야 한다. 더불어 먹을 수 있는 새, 물고기, 곤충과 부정한 것들에 대한 정교한 규정은 음식물에 대한 혐오 체계를 형성하고, 이것이 하나의 규약이 된다.

크리스테바는 〈레위기〉에서 정한 음식물과 부정한 음식물을 규정하는 11장과 병든 육체라는 13장의 테마 사이인 12장에 산후의 어머니가 들어가 있음을 지적한다. 이미 〈창세기〉에서 "그러나 고기를 그 생명되는 피째 먹지 말 것이니라"(〈창세기〉 9장 4절)고 선포하는데, 이때 '피'라는 생명의 구성 요소는 여성들과 풍요와 다산에 대한 약속을 암시하는 동시에, "죽음과 여성성, 살해와 생식, 삶의 정지와 생명력"이 서로 만나게 되는 아브젝시옹의 자리다.[12] 이처럼 음식물의 분리와 혐오 체계는 피 흘리는 여성의 신체와 출산성에 대한 혐오 체계로 자연스럽게 그 자리를 옮겨가게 된다.

"출산과 그에 따르는 피로서, 여인은 월경할 때와 같이 '부정'할 것이며" 또한 여인이 잉태하여 여자아이를 낳으면 "그는 이칠일 동안 부정하리니 월경할 때와 같은 것이다."(〈레위기〉 12장 5절) 여자아이를 낳는 출산 과정에서 여성은 부정한 오물과 피로 뒤덮여 있고 배출하기 때문에 그 정화 작용으로서 희생제의가 있어야 한다. 만일 여성이 잉태하여 남자아이를 낳으면, "제8일에는 그 아이의 양피*를 벨 것이다."(〈레위기〉 12장 2절) 크리스테바에 따르면, 이 할례 의

---

* 귀두를 덮은 살가죽.

식은 선택받은 성을 부여받은 남자아이로부터 어머니의 부정을 분리시키는 동시에, 어머니의 입장에서는 자신의 불결함을 분리하는 수단이다. "할례는 희생제의를 대신하는데, 그것은 단순히 교체된다고만 할 수 없고 희생제의와 동등한 것, 신과의 계약 증거가 된다는 의미를 가진다. (…) 여성의 불결함, 특히 모성의 불결함에 관련해서 텍스트 안에서 할례를 강조하면서, 이 의식의 근본적인 의미가 선택받은 자와 신이 동맹관계를 맺는 데 있다는 것을 보여준다. 그 자신의 성으로부터 다른 성을 잘라내는 것이 할례 의식이며, 이 때의 다른 성은 부정하고 오염되어 있다는 것이다."13

부정하고 오염된 성인 어머니의 육체로부터의 분리를 나타내는 할례는 결국 음식물에 대한 터부와 혐오와 마찬가지의 메커니즘을 가지고 작동한다. "지금까지 〈레위기〉에서 성스러운 법칙에 부합하지 않는 음식물과 결부시킨 부정이나 오물 같은 것들은, 이제 여성이나 어머니에게 전가된다.

음식물에 대한 혐오는—적어도 그 근본은—풍요한 여성의 육체나 생식력(월경, 출산)이 야기시키는 혐오 속에서 그 유사성을 발견한다."[14]

이처럼 크리스테바는 성서의 〈레위기〉에 대한 분석을 통해, 음식물에 대한 혐오와 아브젝시옹이 어떻게 어머니에 대한 아브젝시옹, 더 나아가 부정한 오염물을 몸 안에 담고 흘리는 여성 전반에 대한 혐오로 연결되는지를 보여준다. 여기서 우리는 여성을 음식물에 비유하는 혐오 발언이 사실은 현재 한국에서 일어나는 지엽적 상황만이 아니라, 역사상 그리고 종교적으로 매우 뿌리 깊고 근본적인 문제임을 발견하게 된다. 여성과 음식물은 등가가 되는 부정한 것이다.

앞서 언급했듯이, 혐오의 배후에는 두려움이 존재하고, 이러한 맥락에서 좀 더 내밀하고 원천적인 여성혐오의 원인을 찾기 위해서는 고대부터 존재해왔던 여성 공포증의 문제를 짚고 넘어가야 할 것이다. 여성의 몸은 생리, 임신, 출산을 통해 끈적한 신체 분비물을 많이 포함하고 있으므로, 남성에 비해 더 육체적이고 동물적인 것으로서 간주되어왔다. 이러한 점에서 앞서 지적했듯이, 대부분의 문화권에서 여성은 오물과 더러움, 유혹하는 오염의 원천으로 표현되어왔다.

남성의 정액을 받아들이는 여성의 몸, 끈적거리는 생리,

임신, 출산을 겪는 여성의 몸과 거기서 태어나는 인간은 동물적인 연상을 불러일으키고, 동물적 육체성에 대한 연상은 인간이 한갓 태양이 떠 있는 동안의 한나절을 살 뿐인 유한한 존재라는 것을 떠올리게 된다. 즉 여성의 끈적거리는 몸은 결국 죽음의 공포와 결부되어 있다. 서양 철학의 역사는 이러한 여성의 몸과 탄생에서 죽음으로 이어지는 유한한 생을 극복하고 남성으로서의 인간의 초월성을 이룩해내고자 하는 역사였다. 지성과 감성, 부동성과 생성, 동일자와 타자의 대립을 통해, 첫 번째 항이 우위를 점하고 두 번째 항은 첫 번째 항의 축소나 강등으로 바라보는 고전 형이상학에서 끊임없이 변화하는 여성의 몸은 초월해내야 하는 그 어떤 것이며 남성 주체에 비해 불완전하고 열등한 타자다. 이와 같이 여성을 '결여'로 바라보는 논리는 플라톤에서 프로이트에까지 이어진다. 다시 말해 플라톤에서 프로이트로 이어지는 서양 사상에 깔린 흐름에는 여성의 몸에 대한 혐오와 공포, 즉 죽음에 대한 공포가 있다.

프로이트는 여성의 성욕과 섹슈얼리티를 풀리지 않는 수수께끼로 바라보았으며, 이러한 입장은 그의 가상 강연 〈여성성〉에서 잘 드러난다. 정작 여성들 그 자신은 이에 대해 깊게 생각하지 않으나, 프로이트는 이 수수께끼가 남자들이

골똘하게 생각하지만, 결코 알 수 없는 것이라고 바라보았다. 프랑스의 여성 철학자 코프만Sarah Kofman은 프로이트로 대변되는 남성 혹은 남성 정신분석학자가 여성성과 여성의 섹슈얼리티를 바라보는 입장의 이면에는 두려움과 공포가 있다고 보았다. 여성 환자들에 대한 분석 치료를 행하면 할수록 프로이트는 여성이 주는 공포감과 당혹감에 몸을 떨었고, 그 결과 그는 가상 강연〈여성성〉말미에서 서른 살 이후의 여자를 박제화시킨다. 프로이트는 여성은 남성에 비해 리비도를 승화하는 능력이 없다고 평하면서 다음과 같이 말한다. "30세 정도의 나이를 가진 남자는 대부분 청년으로 보이며, 분석 작업이 그에게 열어 보여주는 발전의 가능성들을 매우 힘차게 이용할 수 있는, 완성되지 않은 개인의 모습을 보여줍니다. 그러나 그와 비슷한 연령대의 여자들은 그녀들이 보여주는 심리적 경직성과 불변성으로 인해 종종 우리들을 몹시 놀라게 합니다. (…) 우리가 이러한 사실들을 언급하는 것은 분석적 치료자로서의 위치에서 하는 것인데, 신경증적인 갈등의 해소를 통해서 그 고통들을 끝나게 해주었을 때조차도 이러한 탄식할 만한 경우를 보게 되는 것입니다."[15]

코프만은 이와 같이 프로이트가 여성을 '시체화'한다고

보며, 그가 여성의 수수께끼 같은 성격을 통제하고 불안정성과 유동성을 부동적인 위치로 고정하고자 한다고 주장한다. 코프만이 언급하는 이러한 여성에 대한 시체화, 박제화는 다시 말해 남성들이 추구하는 불멸성과 초월성과 맞닿아 있다. 프로이트로 대변되는 남성들은 유한하고 썩어 없어질 몸을 가진 여성, 서른 살 이후에도 그 몸의 나이 듦에 따라 유연해지고 변화하는 정신을 가진 여성을 인정하지 않았다. 프로이트가 말하는 성적 리비도를 탈피하여 승화를 이룰 수 있는 남성은 결국 서른 살 이전의 영원한 여성, 영원히 늙지 않는 20대 여성을 추구한다. 이리하여 단테의 《신곡》에 나오는 베아트리체, 괴테의 《파우스트》에 등장하는 그레트헨을 걸쳐, 문학작품이나 예술작품에 등장하는 남성을 구원하는 영원한 여성은 늙지 않은 젊은 여성의 모습으로 구현된다. 현대는 이러한 남성적 욕망을 체화한 여성들로 넘쳐나는 시대이다. 불멸을 추구하는 남성적 욕망에 따라 여성들은 보톡스와 지방 이식, 전신 성형 등을 이용한 동안 만들기에 열중해 썩지 않는 얼굴과 몸을 가진 영원한 여성이 되고자 한다.

프로이트에게서 여성에 대한 공포는 거세 공포와 밀접한 관련이 있다. 남아는 여성 생식기를 관찰함으로써 갖게 되는 거세 공포를 통해 어머니에 대한 욕망을 포기하고 아버지와 자신을 동일시함으로써 아버지의 법을 받아들이고 사회가 요구하는 초자아를 형성한다는 것이 프로이트의 오이디푸스 콤플렉스라는 드라마의 모습이다.[16] 그렇다면 이처럼 '거세 공포'로 환원되는 여성에 대한 공포의 실체는 무엇일까? 프로이트가 알고자 했던 여성의 섹슈얼리티와 실제적인 여성의 섹슈얼리티의 모습 사이엔 어떤 커다란 간극이 존재한다. 코프만은 남성들이 그토록 알고 싶어하는 '진리', 즉 여성이라는 수수께끼는 결국 심오한 베일 뒤에 숨겨진 팔루스*라는 형이상학적 올가미, 즉 남자의 페티쉬적 환영이라는 것을 적발했다.

코프만에 따르면, 프로이트의 유명한 남근선망이라는 '고정관념'은 여성을 부동의 위치에 고정시킬 수밖에 없는 사이비 해결책 중 하나다. 그것은 접근하기 힘들고 공포감을 주며 수수께끼 같아서 남성들의 눈에 '죄인criminelle'으로 비춰지는 여성의 아토피적 성격, 그 불안정성, 변덕스러움을 제어하기 위한 것이다. 코프만은 이처럼 프로이트가 여성—

---

* Phallus, 남근을 의미하는 정신분석학적 용어다. 프로이트는 해부학적으로 남근의 유무가 남녀 간의 문화적 성차를 만든다고 바라보았고, 라캉은 남근의 해부학적 의미를 상징적 의미로 추상화하거나 격상시켜 초월적 기표로 특권화했다.

특히 나르시시즘에 빠진 여성— 을 '중죄인' 취급을 하면서도 이 여성에 매혹되고 대경실색함을 면밀하게 관찰하고 있다. 프로이트가 여성의 섹슈얼리티를 "미지의 검은 대륙"이라고 신비화하는 동시에, 그것을 남근선망이론으로 요약해버리는 여성혐오적 측면은 바로 그를 대경실색하게 만드는 여성에 대한 공포에서 비롯되는 듯하다.

코프만에 따르면 본래 도스토옙스키적인 중죄인은 진정으로 자유로운 정신 모델이며, "아무것도 참되지 않으며, 모든 것이 허용되어 있다"는 궁극적인 비밀을 알 수 있는 자의 모델이다. 즉 그는 진리라는 믿음을 의문시하는 자이며, 결과적으로 나르시시즘을 지닌 자로서 자기를 깎아내리는 모든 것으로부터 거리를 유지하는 자이다.[17] 따라서 니체적 관점에서 여성 만큼 회의적인 것은 없으며, 회의주의는 그녀의 철학이라는 점에서 여성은 중죄인과 마찬가지로 간주된다. "그녀는 진리를 원하지 않는다. (…) 어떤 것도 단번에 진리만큼 여자에게 낯설고 불쾌감을 주는 것은 없다."[18] 따라서 여성은 "니체적 맥락에서의 웃고 춤추는 철학자"이며 회의주의 철학자다. 그리고 그들은 남성들이 추구하는 영원한 여성으로 박제화되기 이전의 양성적 존재들이다.

2장 공포, 혐오, 그리고 악의 상관관계

앞서 말했듯이, 공포의 정서와 혐오의 정서는 동전의 이면이다. 그리고 이 사이로 악의 문제가 얽혀 들어간다. 역사속에서 종종 죽음에 대한 공포를 비롯한 각종 공포의 정서는 강하고 아름다운 것에 대한 매혹을 불러일으켰다. 그 대표적인 것이 1930년대 독일 파시즘의 미학이다.

독일의 영화감독이자 다큐멘터리 작가인 리펜슈탈Leni Riefenstahl은 〈올림피아〉(1938)라는 제목하에 1936년 베를린에서 개최한 올림픽을 기록했다. 명백한 나치 협력에의 증거가 된 필름인데도 불구하고 〈올림피아〉는 여러 가지 새로운 카메라 기법을 선보인 미학적인 다큐멘터리로 평가받기도 했다. 〈올림피아〉의 7분짜리 프롤로그를 보고 있자면, 고대 그리스 시대의 젊고 비율상 이상적으로 아름다운 주로 남성들의 조각상들이 어떻게 1936년의 젊고 아름다운 독일 아리안 족의 청년들의 몸으로 화하는지를 볼 수 있다. 리펜슈탈이 〈올림피아〉에서 구현하는 몸은 죽음이나 노화와는 거리가 먼, 아름답고 건강하고 강한 순수 백인 청년의 몸이라고 할 수 있다.

1935년 나치 전당대회를 찍은 리펜슈탈의 〈의지의 승리〉는 유연하고 미끈한 동체를 지닌 비행기가 유려하게 독일의 상공을 나는 장면에서 시작한다. 이 강철로 된 미끈한 동체에서 내리는 인물이 바로 히틀러다. 이 필름에도 늙고 병든 사람들은 등장하지 않고, 강하고 건강한 육체미를 가진 젊은 청년들과 어린 소년들이 등장한다. 동물적인 자취를 찾아보기 힘든 순수한 독일 남성의 깨끗함, 그리고 강철 인간과 같이 강하고 아름다운 것을 추종하는 것이 노약자와 병든자, 이방인과 여성을 변두리로 몰아 척결해버리는 파시즘이 추구하는 미 개념이라고 할 수 있다.

너스바움에 의하면 이 시기에 강철과 기계 이미지로 칭송되던 순수한 독일 남성의 깨끗함과 건강함은 여성-유대인-공산주의자의 유동적이고 악취나는 더러움과 대비되었다고 한다. 이는 혐오스러운 분비물을 흘리는 지저분한 인간의 동물성에서 벗어나 "약탈자이자 불사신"이 되고자 한다. 제1차 세계대전의 참화가 가져온 죽음과 파괴는 남성들로 하여금 고통을 부과하는 육체와 인간성을 벗어나고자 하는 선택으로 몰고 갔다. 어느 시대에서건 '불사'를 추구하는 것의 강한 동기는 결국 '죽음에의 공포'이며 취약한 인간의 몸에 대한 부정이 아니겠는가? 이러한 강인한 불사의 인간에 대한 열망 뒤에는 나의 몫을 빼앗아 간다고 간주되던 타자에 대한 증오와 혐오, 그리고 공포가 숨어 있다.

너스바움이 인용했듯이, 히틀러가 《나의 투쟁》에서 묘사하는 유대인은 건강한 독일 민족의 몸 속에 숨겨진 구더기 같은 존재다.

> "어떤 형식이든, 특히 문화 생활의 형식에서 불결하거나 파렴치한 일이 일어났다면, 적어도 거기에 유대인이 관련되지 않았던 적이 있었던가? 이러한 종기를 조심스레 절개하자마자 사람들은 썩어 가는 '시체 속의 구더기'처럼 돌연히 비친 빛에 눈이 부신 듯이 끔벅거리고 있는 유대인들을 종종 발견했던 것이다."[19]

히틀러가 이들 유대인에 대한 타자화를 역겹고 혐오스러운 동물성을 환기시키는 방식으로 불러일으켰듯이, 일베가 여성이나 이주노동자를 비롯한 소수자들을 타자화시키는 방식 역시 불결하고 냄새나는 동물성을 강조하는 방향으로 나아간다. 그에 비해 일베의 영웅은 강하고 무소불위의 권력을 지녔던 독재자들이고, 이들은 전적으로 추앙받는다. 강한 것은 아름답고, 약한 것은 도태되어야 할 벌레들이다. 이러한 논리 속에서 약자와 소수자에 대한 배려와 선한 행동은 조롱받고 짓밟혀야 할 무엇이며, 이들에 대한 원색적인 조롱과 야유라는 행동을 통해 이들은 주목받고자 한다. 이 속에서 최소한의 배려와 윤리의식을 전도하는 '악'이 탄생한다. 다시 말해, 나의 몫을 부당하게 빼앗길지 모른다는 불안감, 도축장과 같이 무한 경쟁 속에서 피폐해지고 낙오될지도 모른다는 공포감, 극한의 스트레스에서 타자에 대한 특히 나보다 취약한 타자에 대한 혐오가 나오고, 이 혐오는 새로운 악의 모습을 띤다.

앞서 언급했듯이 스벤젠은 인간은 다른 동물과는 달리, 꼭 실제적인 위협이 아니더라도 셀 수 없을 만큼 많은 상상적인 위협을 구성하며, 이것이 인간이 서로에게 저지르는 수많은 잔혹 행위들의 중요한 원인이 된다고 보고 있다. 베커 Ernest Becker는 인간의 의식이 직접적인 위험에 처하지 않아도 악을 고려하기 때문에 인간의 삶은 악에 대한 사색이 되고, 악을 통제하고 미연에 방지하기 위한 계획적 모험이 된다고 보고 있다.

"그 결과는 인간 존재의 가장 큰 비극 중 하나가 된다. 그것은 종종 매우 임의적이기 때문에 비극적이다. (…) 인간은 악에 대한 판타지를 만들 수 있고, 잘못된 장소에서 악을 바라보고, 인간 자신과 타자들을 쓸모없이 파괴하기 때문이다."[20]

인간은 문학과 철학, 예술과 온갖 찬란하게 아름다운 것을 만들어내기도 하지만, 그것들을 철저하게 파괴하기도 한다. 이 잔학한 파괴의 원인이 되는 것, 인간이 행하는 악행의 근저에 있는 것이 바로 '두려움'이라는 것이다.

앨퍼드Charles Fred Alford는 《인간은 왜 악에 굴복하는가?》에서 악이란 도덕적이거나 종교적, 지적인 문제가 아니라 "말로 표현할 수 없는 두려움의 경험"이라고 정의한다. 그에 따르면, 악이란 이러한 두려움을 체험하는 것이며, 두려움을 타인에게 전가하여 그 경험을 극복하려는 시도라는 것이다. 즉 악행이란 "타자에게 악을 전가하여 그 체험으로부터 벗어나려는 시도이자, 타자를 상처 입힘으로써 자신이 아닌 그가 두려워하도록 만드는 행위이다. 악행은 고통의 끔찍한 수동성과 무력함을 능동성으로 변형시키려는 시도인 것이다."[21] 여기서 두려움과 악 사이의 떼려야 뗄 수 없는 인과관계가 성립한다. 여기서 악이란 능동적인 차원이 아니라 고통과 상실을 피하고자 하는 수동적 차원으로 해석된다. 예를 들어 죽음에 대해 한 자아가 느끼는 공포는 타자를 살해하고 희생시킴으로써 감소된다.

"우리는 선택의 여지가 있을 때 희생자가 아니라 악행자가 되는 편을 택하고 실제로 많은 사람들이 그래야 한다고 느낀다. 모든 피조사자들이 스스로를 희생자가 아니라 유대인 학살자 아이히만과 동일시한 이유가 바로 이것이다. 여기서 항상 문제시되는 것은 수동성에 대한 공포를 더욱 악화시키는 것은 바로 '희생자가 되면 영원히 잊혀질 것'이라는 생각이다. 현대문화 속에서 희생자들은 기억되지 않으며 따라서 희생은 무의미한 행위에 지나지 않는다. 우리가 악이 아니라 인간의 적의에 관심을 집중한다면, 이러한 수동성에 대한 공포와 파멸의 운명에 직면했을 때 발생하는 마비라는 문제는 계속해서 야기될 것이다. 또한 적의는 운명을 통제할 수 있으리라는 환상으로서 하나의 증상에서 명분으로 바뀔 것이며, 이로써 모든 것은 퇴행하고 말 것이다."[22]

자연을 포함한 타자가 나를 해칠지도 모른다는 두려움과 공포가 악의 원인이라는 가정은 인간 대부분은 본능적으로 희생자가 되기보다는 그 반대가 되기를 선택할 수 있다는 점에서 타당할 수 있다. 또한 사회가 어지럽고 혼돈스럽고 공포에 직면했을 때 인간은 희생양을 찾아내고 마녀사냥을 하듯 그들을 학살하기 마련이라는 것은 역사가 증명해주지 않는가?

앨퍼드는 밀그램Stanley Milgram의 실험을 인용함으로써 이러한 공포에 기반한 수동적인 형태의 악을 제시한다. 밀그램의 실험에서 '교사'라고 불린 실험 주체들은 자신이 실험의 동조자인 '학습자'에게 실제로 전기충격을 가한다고 믿었다. 학습자는 단어 한 쌍을 기억하지 못할 때마다 전기충격을 받게 되어 있다. 학습자는 두꺼운 가죽끈으로 의자에 고정되어 전기봉이 손목에 닿아 있는 채로 배울 준비를 했다. 교사는 학습자의 비명, 문을 차면서 풀어달라고 외치는 소리, 가슴의 고통을 호소하다가 마침내 침묵하는 소리를 들었다. 밀그램이 실험을 시작하기 전에 정신의학자들에게 이 결과에 대해 질문했을 때 그들은 정신장애를 지닌 소수의 가학증적 개인들만이 끝까지 전기충격을 가할 것이라고 대답했다. 그러나 실제로 교사들 가운데 62퍼센트 이상이 전기충격에 소모되는 건전지를 완전히 방전시켰다. 심지어 어떤 교사들은 신들린듯 낄낄대며 웃어댔다.

앨퍼드는 이 실험이 단순히 복종과 관련해 잠재해 있는 인간의 비열한 집단심리가 드러난 것일 뿐만 아니라 인간이 지닌 가학성의 본질을 드러낸다고 보고 있다. 다시 말해, "가학증이란 수동적으로 드러난다 하더라도 결국 희생을 회피하고자 하는 기쁨이며, 곧 타자에게 상처를 줌으로써 '희생당하는 경험'을 통제하고자 하는 기쁨"[23]이라는 것이다. 가해자는 자신이 피해자가 아님에 안도하고 쾌락을 느낀다. 이러한 맥락에서 베커가 말했듯이, 완벽한 인간다움은 완전한 두려움과 전율이다. 적어도 깨어 있는 날에는 그렇다. 곧 죽고 부패할 운명을 지닌 인간다움은 타자의 상실이 아니라 자기 상실과 관련된 무화에 대한 두려움과 공포에 다름 아니다.

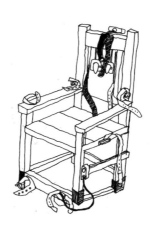

그러나 이와 같이 악을 자연을 비롯한 타자가 나를 해칠지도 모른다는 두려움에서 탈피하려는 것이라는 수동적인 의미에만 국한시켜 이해하기는 힘들다. 그렇다고 해서 악이라는 것이 어떤 적극적인 지향성이 있다고 볼 수 있는 것은 아니며 적어도 악에서 '죽음의 공포에 대한 탈피'가 중요한 부분을 차지하기는 하지만, 악을 자기방어적인 의미에 국한할 수는 없다는 얘기다. 이글턴Terry Eagleton이 그의 저서《악: 우리 시대의 악과 악한 존재들》에서 지적했듯이, 어떤 악에는 원인과 결과의 인과율이 적용되지 않는 부분이 있다.

> "여기서 우리는 악 개념에 관한 핵심 통찰을 하나 얻게 된다. 악은 아무런 실용적 목적도 없거나 없어 보인다는 통찰이다. 악은 무의미의 지존이다. 목적처럼 따분한 것들은 죄다 악의 치명적 순수성을 더럽힌다. 이런 면에서 악은 신하고 닮았다. 신 또한 자기 존재를 증명해야 할 이유가 전혀 없기 때문이다. 신의 존재 이유는 신 자체다. 신이 세상을 창조한 이유도 그냥 재미 때문이지 무슨 목적이 있어 한 일이 아니다. 악은 인과율을 거부한다. 목적을 고려해야 하는 악은 자아 분열에 빠지고, 정체성이 파괴되며, 처지에 안 맞게 너무 앞서가는 꼴이 된다."[24]

이글턴은《맥베스》에 등장하는 세 마녀의 경우나《오셀로》에 등장하는 악인인 이아고의 경우를 예를 들어 실용적목적도 없고 의미도 없는 이러한 '악'의 전형을 설명한다. 맥베스의 세 마녀는 왜 그가 왕이 될 것이라는 당치 않은 예언을 하여 '별 생각이 없던' 맥베스의 야심을 불태우는가?이러한 마녀들의 예언은 무의미한 장난이다. 마녀들은 사회의 주변부에 머물며, "정치 사회 외부에 있기 때문에 목적이나 야망이 전혀 없다." 사회적 성취는 목적과 수단, 원인과결과의 인과율을 통해 설명될 수 있지만 마녀들은 이 인과율을 벗어나, 그저 장난으로 농간을 치고 멕베스를 파멸로이끈다. 이러한 행위에는 '왜?'라는 물음이 필요하지 않다.이글턴은 이 저서에서 혐오스런 늙은 마녀들이 파리에서등장한 최신 페미니즘 이론을 섭렵한 '페미니스트'들인 모양이라며 비아냥거린다.[25] 그러나 프랑스 페미니스트들이주창한 이론적 모델들은 남근중심주의와 남성적 시각중심주의를 전복하는 여성으로서의 말하기와 글쓰기를 제시하고, 이러한 글쓰기를 통한 해방의 가치를 말한다는 점에서이글턴의 발언은 너무 나아간 점이 있다. 페미니스트는 마녀이고 마녀는 악한 존재라는 전형을 밟고 싶진 않다. 다만《맥베스》에 등장하는 세 마녀의 행위가 '아무 동기 없는 행

동 혹은 무의미성'인 '악뜨 그라튀acte gratuit'의 한 예를 보여
준다는 점에서 정리하도록 하자.

《오셀로》의 이아고는 어떤가? 어린 시절 어린이를 위한
문고판으로 셰익스피어의 4대 비극을 읽었을 때 가장 이해
가 안 되는 인물이 바로 이아고였다. 어린 나는 이아고가
왜, 무슨 목적으로, 자기에게 딱히 이득이 되는 것도 없는데
데스데모나를 죽게 하고 오셀로를 파멸로 이끄는지 이해가
안 갔다. 아마도 별다른 목적이 없는 악한 행위가 어린 마음
으로는 이해할 수 없는 행위였던 듯하다. 사람들은 이아고
가 오셀로를 파멸시키는 이유가 그에 대한 '시기'에서 나온
다고 얘기했지만, 그 극단적인 시기심이야말로 이해할 수 없
는 코드였다. 단순한 질투심만 가지고는 자기에게 어떤 이익
이 있는 것도 아닌데 한 사람을 그렇게 철저히 파괴하는 것
은 어려운 일이다. 미덕의 무가치함에 쩌든 이아고의 악행은
그저 원인이 없는 행위다. 어릴 때는 이해가 안 가던 이아고
라는 캐릭터는 나이가 들어 여러 경험을 하고 여러 사람들
을 접함으로써 비로서 내게 이해 가능한 인물이 되었다.

우리가 흔히 연상하는 연쇄 살인마나 흉악한 범죄를 저
지르는 '사이코패스'의 악행에는 원인이 결여되어 있는 경우
가 많다. 그러나 사람들은 모두 그러한 전형적인 악인들에

대해 손가락질을 하고 우리 보통 사람들과는 다른 괴물이나 정신병자 혹은 사이코로 몰아붙이지만, 사실 악이라는 것은 그렇게 추상적으로 우리와 먼 존재들에게만 있는 것은 아니다. 우리 안에 내재해 있는 시기심은 악의 모습과 가장 닮아 있는 것 중 하나다. 누군가의 성공을 시기한 적이 있는가? 누군가의 불행을 고소해한 적은 없는가?

사람들은 흔히 말한다. 기쁨은 나누면 배가 되고, 슬픔은 나누면 반이 된다고. 그러나 대다수의 인생사에서 그 반대의 말이 적용될 때가 많다. 기쁨은 나누면 반이 되고 슬픔은 나누면 배가 된다.

A에게는 한 친구가 있다. 그 친구는 여러모로 A에 비해 떨어지는 친구였다. 학창시절 가정형편도 학업성적도 교우관계도 A만 못했다. A는 여러 면에서 시원치 못한 그 친구, 그리고 은근히 자신을 따르고 주위를 맴돌면서 친해지려 하는 그 친구에게 약간의 연민의식 혹은 시혜의식을 느끼며 그 친구의 손을 잡아주고 친구가 되었다. 그리고 학교를 졸업하고 여러 해가 지나면서 둘은 연락이 끊겼다. 열심히 공부해 명문대에 입학하고 졸업한 A는 마땅히 취업할만한 회사를 찾지 못했고, 그래서 공무원 시험 준비생으로 2년째 공부중인 상태였다. A는 어느날 잊고 지냈던 고등학교 때

그 친구로부터 연락을 받고 만나게 됐다. 젊은 나이에 사업에 성공한 그 친구는 외제차를 몰고 나왔고, 비싼 밥을 사주었다. 곧 결혼할 여자친구의 사진을 보여주었는데 믿기 힘들 정도로 미인이었다. 신혼 집으로 40평대 아파트를 알아보고 있다는 말에서, 이 친구는 대체 왜 내게 연락을 해서 만나자고 했는지 의아해지기 시작했다. 중고등학교 시절 나보다 지적인 수준에서나 학업면에서나 가정형편이나 교우 관계에서나 모두 뒤떨어지고 심지어 자신을 동경하며 주위를 돌던 그 친구가 '난 이제 부자가 되었는데, 너는 고작 공시생이구나'라고 자신을 업신여기려고 만난 것만 같았다. 뒤돌아서 집에 오는 길에 A는 왠지 모를 질시감과 열패감이 뒤섞인 묘한 정서를 맛보았다. 그리고 몇 해가 흘렀다. A는 공무원 시험에 합격해 안정적인 생활을 영위하고 있었다. 그리고 갑자기 문제의 그 친구가 연락을 해와서 다시 만나게 되었다. 그 친구는 주식에 잘못 손을 대서 사업까지 들어먹고 집 가구에는 차압딱지가 붙은 상태라고 했다. 미모의 부인은 이혼을 요구한다고 했다. 그리고 당장의 생활비가 없다며 돈을 좀 꿔달라고 했다. 무일푼이 된 친구가 A에게 찾아와 고통을 하소연할 때, A는 왠지 모를 희열을 느꼈다. 그리고 무심코 말을 던졌다. "네가 지금 이럴때니? 공사

판에라도 나가서 일해봐." 그리고 지갑에 있는 10만 원을 테이블 위로 던지듯 건네준다. 일그러지는 친구의 얼굴을 바라보며 아차 싶었지만, A는 친구의 불행과 고통을 통해 자신이 기쁨을 느낀다는 사실을 숨길 수가 없었다.

　나는 감히 말한다. 태생적으로 천사와 같은 성품을 지니고 세상의 때가 묻지 않은 독특한 사람이 아닌 이상 누구나 정도의 차이는 있지만 이와 같은 경험을 해봤을 것이라고. 이때의 느낌은 단순히 타인이 겪는 불행이 나를 피해갔다는 안도감 이상의 것이 있다. 세속의 인간관계와 우정 속에는 무언가 조금씩은 사악한 것이 깃들어 있다. 이글턴이 인용한 밀턴의 사탄의 탄식을 들어보자.

　　"…주위의 기쁨을 보면 볼수록

　　내 안에서는 고통만 더욱 커 간다. 가증스러운 적들의 포위에 둘러싸인듯.

　　선한 것들은 모조리 내게 독이 되고 천국에서 내가 맞닥뜨린 전세는 더욱 불리해지리라….

　　내가 회구하는 것으로 불행에서 벗어날 희망은 없다.

　　남은 곳은 타인들을 나처럼 불행으로 이끄는 일뿐.

　　그렇다고 내게 좋을 일도 없지만

그저 파멸을 거쳐서만 나는 가차 없이 찾아오는 생각들을 가라앉힌다."[26]

인간이 본성적으로 지닌 이러한 시기와 질투는 칸트 Immanuel Kant가《이성의 한계 안에서의 종교》에서 제시한 '근본악', 즉 어떤 이유나 목적도 없는 악의 개념과 유사하다. 칸트는 계몽주의자들의 낙관적인 인간 긍정에 역류하여, "근본악의 영향 밑에 있는 인간 존재"의 어두운 성향을 조명했다. 칸트에 따르면 인간성에는 이미 질투와 시기심, 적대감이라는 악의 소질이 싹트고 있다. 인간은 어느 누구에게도 자기보다 우월한 것을 허락하지 않으며, 타인이 우월성을 위해 노력할 것에 대한 염려로부터 스스로 타인을 능가하고는 우월성을 지니고자 하는 욕망이 생겨난다. "즉 질투와 경쟁심에서 우리가 타인으로 간주하는 모든 사람에 대한 적대감이라는 최대의 악덕이 싹트게 되는 것이다."[27]

"만일 인간의 선한 본성이 개화된 상태 안에서 한층 더 잘 인식될 수 있다는 견해에 찬성하는 사람이 있다면, 그는 인간성을 탄식하는 길고 우울한 넋두리들에 귀를 기울이지 않으면 안 된다. 가령 가장 친밀한 우정 안에도 은밀한 허위가 있으므로 가장 가까운 친구들 사이에서도 서로 마음을 줄 때 신뢰의 정도를 제한하는 것이 교제에서의 영리 원칙으로 여겨진다는 것, 또한 사람에게는 그가 신세진 사람을 미워하는 성향이 있으므로 자선을 하는 사람은 이것을 각오하고 있지 않으면 안 된다는 것, 그리고 진정한 호의를 가지고 있다 하더라도 우리의 가장 친한 친구들의 불행이 우리에게 전혀 싫지 않다고 하는 말을 인정하게 된다는 것, 그리고 다른 많은 외면적 덕 속에 악덕들—숨겨지지 않는 악덕들은 말할 것도 없고—이 숨겨져 있다는 것 등에 관한 탄식에 귀를 기울일 필요가 있는 것이다. 왜냐하면 우리가 선하다고 부르는 자가 일반적 악인의 부류에 속하기 때문이다."[28]

그러나 칸트의 근본악 사상은 인간의 악함만을 강조하는 사상은 아니다. 악에의 성향은 인간의 근원적인 본성에 깊이 뿌리박고 있는 것이기는 하나, 인간은 그의 뿌리 깊은 악에의 성향에도 불구하고 선으로의 본래적·자연적 소질을 여전히 그대로 보존하고 있다고 본다는 점에서 칸트의 인간관의 역설이 존재한다. 평등을 부정하고 남의 우월함을 부정하는 자기애로 인해 도덕성의 정언명법이 타락하는 경향이 칸트가 바라보는 근본악이다. 따라서 칸트에게 있어서

"인격의 이율배반은, 악의 극복이 원천적으로 불가능한 것임에도 불구하고, 악으로의 성향에 대해서 그의 행위 모든 순간에 책임을 져야 한다는 것이다. 다시 말하면《종교론》의 도덕적 주체는 근본적으로 타락한, 그러나 그럼에도 불구하고 자기의 본래적인 선한 소질에 대한 무조건적인 책임을 의식하는 이율배반적인 역설의 주체인 것이다."[29] 따라서 칸트는 아무리 타락한 인간이라 해도 도덕적 정언명법의 권위를 인정한다고 본다.

이러한 이율배반적인 칸트의 근본악 개념에 따르면 '악'이나 '악인'에게는 우리와 매우 동떨어진 잔인성을 지닌 살인마나 괴물, 악마 혹은 전형적인 악인과 악덕의 개념이 적용되지 않는다. 악은 도처에 산재하고, 인간 자체가 근본적으로 악한 존재다. 현대적 관점에서 칸트가 말하는 자기애로 말미암은 악, 시기심과 질투는 대규모 대량학살에 비하면 아무것도 아닌 것으로 생각할 수도 있다. 그러나 나치가 일으킨 홀로코스트, 일본군에 의한 난징대학살이나 관동대지진 때의 조선인 학살, 스탈린과 마오쩌둥의 대량학살, 갖가지 전쟁이 야기한 집단학살의 주체들이 우리보다 더 악한 악마라고 규정할 수 있을까? 나치의 대규모 유대인 학살 계획인 '최종 해결책'를 비롯해 집시, 동성애자, 좌파에 대한 학살에는 별다른 실용적 목적이 없을 수도 있다. 그러나 이러한 자행을 진두지휘한 사람의 모습은 우리가 상상하는 악마나 괴물과는 거리가 멀다.

아렌트Hannah Arendt가 《예루살렘의 아이히만》에서 기술했듯이, '최종 해결책'이라는 이름하에 유대인 대량 학살을 실행한 전범 아이히만이 예루살렘에서 진행된 전범 재판 과정에서 보여준 모습은 우리가 상상하는 악마나 괴물과는 거리가 멀었다. 그의 심리 상태는 정신병리학적으로 정상적이었고 그의 모습은 우리 주위에서 흔히 발견할 수 있는 사람들처럼 평범했다. 다만 아렌트는 재판 과정과 경찰 심문에서 보인 그의 특징이 '사유의 진정한 불능성'에 있다고 파악했다. 더 엄밀하게 말해서 그것은 세 가지의 무능성을 내포한다. 말하기의 무능성, 생각의 무능성, 그리고 타인의 입장에서 생각하기의 무능성이 그것이다. 세 번째 무능성은 곧 판단의 무능성을 의미한다. 아렌트가 보기에 아이히만은 일반적이고 정상적인 사람이었지만 타인의 관점에서 생각할 능력이 없는 사람이었다. 여기서 아렌트가 도출하는 교훈의 의미는 말과 사고를 허용하지 않는 무반성성에서 비롯되는 '악의 평범성'이다. 아렌트가 간파해낸 아이히만의 모습은 폭군이 아니라 '별 볼일 없는 공무원'이나 진부한 소

시민과 더 유사했다.

　마찬가지로 우리 곁에 평범한 자의 가면을 쓰고 살아가는 일베들도 모두 평범한 젊은이들이지 극도로 악한 악마거나, '벌레'와 같이 박멸해야 하거나 박멸될 수 있는 존재도 아니다. 이러한 맥락에서 2014년에 가을, 단식농성을 하는 세월호 유족들 앞에서 피자를 잔뜩 시켜놓고 폭식투쟁을 하던 일베의 모습을 이해할 수 있는 단초가 마련된다. 타자에 대한 공감 능력의 부재, 주목받고 싶어하는 심리, 무반성적 사고 등이 그것이다. 삶에 대한 성찰에 기반한 인문학 교육이 부재하고 모두가 상위 1퍼센트의 갑이 되고자 열망하는 무한경쟁시대의 한국에서 양산된 이들은 평범한 악의 모습을 띠고 있지 않은가? 직접적인 위협에 처하지 않아도 무궁한 상상력을 통해 악에 대한 사고와 판타지를 만들어내고, 실용적인 목적이나 인과법칙과는 무관한 유희나 장난을 위해 악을 양산하는 인간의 조건은 신자유주의 시대의 한국에서 '상상된 착취'라는 모습을 띤 새로운 르상티망 ressentiment(원한감정)에 기반한 악을 양산한다. 마치 1930년대의 나치가 제1차 세계대전 이후의 피폐해진 독일의 경제 문제를 유대인을 향한 르상티망으로 치환했듯이 말이다. 따라서 일베라는 새로운 양상의 주체 모습이 양산해내는 악의 모습은 그래서 1930년대의 나치즘과 파시즘의 양상과 크게 다르지 않다. 다만 어느 시대에 누가 그 탈을 썼는가가 달라질 뿐이다

대한민국에서 평범한 악의 모습은 단순히 일베에 국한되지 않는다. 삼풍백화점 붕괴, 대구 지하철 참사, 세월호 참사 등의 중대 재해의 반복적 발생은 이윤 추구 논리의 뒤안길에 있는 무반성적 사고의 모습에 다름 아니다. 수십 년을 제대로 된 처벌도 없고, 대규모 인명 손실에 대한 반성과 생명에 대한 제대로 된 애도와 기억의 작업이 이루어지지 않는 현재 한국의 모습은 또 하나의 새롭지만 결국 평범한 악을 배태한다. 이러한 점에서 대구 지하철 참사 유족인 전재영씨가 2016년 1월 〈프레시안〉과의 인터뷰에서 언급한 일베에 대한 생각은 생각해볼 가치가 있다.

> "자기의 안전은 자기가 지켜야 한다고 생각한다. 예전에 일간베스트(일베) 회원들이 세월호 유가족 농성장에 가서 치킨 먹고 피자 먹고 그러지 않았나. 이를 보면서 나는 안타깝다고 생각했다. 참사가 자기에게도 일어날 수 있다는 것을 이들은 모른다. 나중에 후회한다. 지금 우리 사회구조는 참사가 일어날 수밖에 없다. 그것을 모르고 날뛰는 모습이 불쌍했다."[30]

혐오가 아니라 동정의 마음에서 접근하는 이 발언은 사실 악의 평범성에 찌든 한국의 기성세대가 만들어놓은 젊은이들에 대한 안타까움이 스며들어 있다.

이제 나는 악과 공포의 문제를 좀 더 확장된 인간종의 차원에서 바라보고 싶다. 내게 이러한 생각의 단초를 제공해준 영화가 〈난징!, 난징!〉(2009)이었다. 만년의 세월 동안 호모사피엔스라는 종이 저지른 온갖 전쟁과 그에 뒤따른 학살과 강간이 역사를 생각하다 보면 '악'이라는 것은 이 사악한 종이 지니고 있는 정복욕과 개척 정신과 궤를 같이하는 듯하다. 이는 엄밀히 말해서 호모사피엔스 종의 남성과 관련된 문제인 것 같다. 왜 호모사피엔스(남성)들은 주어진 자원과 환경에 만족하지 못하고, 뗏목을 타고 더 넓은 세계로 나아가려고 그 세계에서 만난 다른 인간들과 동물들을 도륙했을까? 왜 그들은 인간이 만들어낸 아름다운 것들을 파괴하지 못해 안달이었을까? 이들이 지닌 개척자 정신과 정복욕이란 자연과 타자가 내게 주는 두려움을 넘어서 더 넓은 세계로 진출해 자원을 확보하고 독점하고자 하는 욕망이다. 새로운 세계에서 부딪치게 되는 낯선 이방인들은 낯섦이 주는 근원적인 공포를 넘어서기 위해 제거해야 하는 존재들이다. 이처럼 인류의 정복욕은 전쟁을 낳고, 전쟁은 악을 낳는다. 그래서 영화 〈난징!, 난징!〉에서 등장하는 것처럼, 일본군 안에서는 심성이 여려 전쟁의 참혹함을 견뎌내지 못하고 고뇌하는 사람도 존재하고, 명령에 따라 살인자로 변해 양민들을 도륙하고 여자들을 강간하는 사람도 존재하겠지만, 그것은 비단 일본군에게만 한정된 이야기가 아님을 역사는 증명하고 있다. 만 년 전부터 농경지 확보를 통해 사적 재산을 소유하고 가부장제가 발생하며, 청동기와 철기의 발명과 함께 대규모 전쟁이 시작된 이래로 이것은 인류 모두의 이야기, 즉 인간이라는 용어가 내포하는 남성들의 이야기가 된다.

여성 역시 악과 공포, 그것이 양산하는 폭력의 문제에서 자유롭다고 할 수는 없다. 여성이 상대적으로 남성에 비해 덜 폭력적이라고 해서 더 선한 존재라고 바라볼 수는 없다. 여성 역시 상대적 약자인 아동에게 학대와 폭력을 행사한다. 심심치 않게 언론에 등장하는 계모나 어린이집 교사가 행하는 아동학대 문제는 다만 친엄마가 아닌 양육자에게 국한되는 문제만은 아니다. 비혼모이건 기혼모이건 친모이건 관계없이 영아를 살해하거나 아동을 학대하는 사건은 어제오늘의 일은 아니다.

"사회적 약자로서 여성이 가장 쉽게 저지를 수 있는 것이 영아 살해였다는 것은 익히 알려진 사실이다. 영아살해로 악명 높은 콜키스의 메데이아뿐만 아니라 현대판 메데이아들도 끊임없이 등장한다. 산후우울증으로 자녀를 살해하기도 하고, 자신의 생존을 위해 타자를 살해하기도 한다. 혹은 자신의 권력과 성적 쾌락을 맛보기 위해 폭력을 행사하기도 한다. 이처럼 여성 또한 자신보다 무기력한 존재에게 폭력성을 드러낸다."[31]

콜키스의 공주였던 메데이아는 조국과 아버지를 배신하고 친동생을 죽이면서까지 첫눈에 반한 이아손을 도와 황금 양가죽을 찾게 해주고 함께 코린토스에서 살게 된다. 이아손과 두 아이를 낳고 살지만, 이아손은 코린토스의 공주와 결혼하게 되면서 메데이아를 버린다. 이에 분노한 메데이아는 공주에게 혼인 선물이라며 독을 바른 황금 예복과 관을 두 아이에게 들려보내, 공주를 살해하고 코린토스의 왕역시 공주를 살리려다 죽음을 맞게 된다. 메데이아는 이어두 아이마저 살해하면서 이아손에 대한 복수를 마무리한다. 에우리피데스의 비극《메데이아》는 가부장제적 입장에서 볼 때 희대의 악녀라고 할 수 있는 메데이아의 이야기를 비교적 그녀의 입장에서 풀어나간다. 모든 것을 버리고 한 남자에 대한 사랑에 목을 맬 수 밖에 없었던 여자가 남편에 대한 복수로 행할 수 있는 최대의 복수는 둘 사이의 사랑의 결실인 아이들을 살해하는 것이다.

그리스 신화 속의 메데이아가 현실의 문학 작품 속에서 재현된 것이 옐리네크Elfriede Jelinek의 급진적 페미니즘 계열의 소설《욕망》이다. 이 소설은 6일 동안 일어난 주인공 게르티가 겪는 성폭력과 가정폭력 그리고 그 끝인 친자살해를 적나라하고 잔혹한 묘사로 보여주고 있다. 잔혹한 묘사라는 것은 이 묘사가 우리가 흔히 접하는 남성의 시각에서만 보여지는 포르노그라피가 아니라 여성의 입장에서 기술되는 포르노그라피라는 데서 찾아진다. 이 과정에서 폭력적인 이성애적 성관계와 출산과 양육은 급진적 페미니즘의 입장에서 여성이 겪는 억압의 원천으로 그려진다. 부부강간에 대한 대가로 매월 생활비와 고가의 의류를 제공받는 게르티는 이 남녀의 권력 불평등 관계에서 수동적으로 피투되고 유린당하는 인간 이하의 존재다. 그녀는 어리석게도 또 다른 사랑의 가능성에 몸을 던져 우연히 만난 대학생과 일탈을 꿈꾸지만 돌아오는 것은 또 다른 성폭력일 뿐이다. 마지막으로 이 존재가 행할 수 있는 것은 친자살해다.

위의 두 가지 문학 작품의 예에서 나타나는 친자살해를

통해서 볼 때, 여성이 남성보다 더 선한 존재라고 규정지을 만한 근거는 없다. 다만 그것이 불평등한 성권력 관계에서 도출될 수 있다는 점에서, 아동학대나 영아살해의 모든 비난의 타깃을 여성에게만 향하는 것은 바람직하지 않다. 살인을 옹호할 수는 없지만 어린 조카를 발로 차서 죽인 20대 여성의 이야기가 그 예가 될 수 있다. 알고 보니 그 언니네 집에서 살던 여성은 형부로부터 지속적인 성폭행을 당했고, 그 사이에서 아이들을 낳았다. 그녀가 죽인 조카는 조카가 아니라 자신의 친자식이었다. 그리고 언니는 지적장애가 있는 사람이었다. 또한 종종 가정폭력의 희생자였던 여성이 남편을 살해하는 경우도 있다.

두 가지 사례에서 여성들이 저지른 악의 형태는《오셀로》의 이아고가 행한 원인도 결과도 없이 그저 재미로 행한 악행과는 차이가 있다. 가부장제의 불평등한 양성의 역학관계에서 게르티의 친자살해라는 악행이 나오기 때문에, 재미로 아이를 죽인 것이 아니라 분명한 인과관계가 있다. 이처럼 가정폭력과 성폭력의 희생이 되었던 여성들은 자기보다 약자인 어린아이를 살해하거나 학대함으로써 끊을 수 없는 악의 인과관계를 만들어낸다. 이러한 여성들이 저지른 악은 인과관계를 벗어나 재미로 행하는 유희적인 악과는 거리가 있다고 할 수 있다. 현대 자본주의 사회 속에서 남성보다 더 낮은 임금을 받고 살아가고, 더 폭력에 취약하게 노출되어 있는, 경제적·사회적 의미에서의 약자인 여성은 자기보다 더 취약한 약자를 괴롭히는 인과적 악의 순환구조에 있을 수 있다는 것이다.

결국 이 시대 필요한 윤리라는 것은 다름 아닌 이러한 잔인한 인간종의 본질과 한계를 초월한 '다르게 살기'일까? 그 다르게 보고 다르게 살기란 이 시스템 안에서는 불가능한 것일까? 그리고 나는 그것을 실천할 수 있을까? 이러한 윤리적 물음은 결국 내 안에 도사리고 있는 낯선 타자의 모습을 이해하고 인정할 때 가능할 수 있을 것이다. 내 안에 존재하는 이 낯선 타자를 우연히 만났을 때 공포로 뒷걸음질 치거나 애써 그 모습을 부인하려고 하지 않고 인정할 때 새로운 윤리의 가능성이 열린다.

3장 두려운 낯설음: 내 안의 타자성

나는 1부에서 낯선 것, 미지의 것에 대한 공포와 두려움에 대해 언급했었다. 사실 미지에 대한 공포는 공포를 정의하는 데 나올 수 있는 중요한 키워드다. 그런데 우리는 단지 낯선 것, 혹은 미지의 공간이라고 해서 모두 두려움을 느끼고, 친숙한 공간이나 친밀한 사람에게는 불안과 공포가 없는 편안함과 안정감만을 느낄까? 만일 그렇지 않은 사실이 여러 군데에서 확인된다면 우리는 어떤 종류의 감정과 정서를 느끼게 될까? 이러한 문제를 프로이트는 그의 논문 〈두려운 낯설음Das Unheimlich〉에서 분석하고 있다. 독일어 Das Unheimlich(다스 운하임리히), 즉 '두려운 낯설음'이라는 정서는 공포감의 일종이고 극도의 불안과 공황상태를 불러일으키기도 한다.

프로이트는 동일한 것이 반복되거나 생각한 대로 이루어지는 '생각의 전능성'이 대두될 때 두려운 낯설음의 정서를 느낄 수 있다고 본다. 앞서 언급했듯이, 프로이트가 예를 든 '두려운 낯설음'을 느끼게 하는 동일한 것의 반복은 아마도 어둠이 내린 숲속이나 산에서 갑작스럽게 길을 잃었을 때 아무리 나가는 길을 찾아도 여러 번 같은 장소로 되돌아오게 되는 상황에서 느끼게 되는 극도의 공포 상태로 귀결되며, 이러한 소재를 우리는 여러 번 공포영화에서 발견하기도 한다. 영화 〈더 로드〉(2003)에서와 같이, 밤에 가족을 태운 아버지가 깜빡 잠이 든 상태에서 길을 잃고 이를 빠져나가려고 하지만 반복적으로 계속 같은 곳을 맴돌게 될 때 자아내게 되는 공포감이 그러한 것이다. 이러한 상황을 프로이트는 심리적인 '반복 강박'으로 설명한다. 또한 생각한 대로 모든 것이 이루어지는 것으로 보일 때 느끼게 되는 두려움 역시 '생각의 전능성'이라는 강박신경증적으로 해석하지만, 두려운 낯설음이라는 공포의 정서는 이러한 상황 속에서 이성을 마비시키고 공포가 야기하는 환상으로 우리를 이끌 수 있다.

그러나 이처럼 낯선 곳에서의 방황이 아니라 친숙한 곳, 친밀한 사람에게서 두려움을 느끼게 된다면 어떨까? 프로이트는 그의 논문 〈두려운 낯설음Das Unheimlich〉에서 두려움을 주는 것은 친숙하지 않은 낯선 미지의 것이고, 친근하고 편안하고 믿을 만한 것은 두렵지 않다는 기존의 견해를 뒤엎는다. 프로이트는 이것을 낯설지 않은, 친숙한, 길들여진, 친근하고 내밀한, 다정한 등의 뜻을 가지고 있는 하임리히 heimlich와 그 반의어 운하임리히unheimlich의 뜻을 분석하면서 입증한다. 프로이트에 따르면, 독일어 하임리히라는 작은 단어가 지니고 있는 여러 다양한 의미들 중에는 그 말의 반대어인 운하임리히의 의미를 지닌 것이 들어 있다. 하임리히한 것이 운하임리히한 것이기도 하다. 친숙하고 편안한 것과 숨겨져 있고 은폐되어 있는 것은 대립되는 것도, 무관한 것도 아니다. 셸링Fridrich Wihelm Schelling은 운하임리히의 개념에 대해, 어둠 속에 비밀로 남아 있어야 하는 것과 어둠 속에서 나온 것, 모두는 운하임리히한 것이라고 말했다. 이는 그림 형제Jacob Grimm, Wilhelm Grimm의 《독일어 사전》에서 제시한 하임리히의 의미에는 친근한, 사랑스러운, 믿을 만한이라는 뜻에서부터 알 수 없는, 폐쇄적인, 숨어 있는, 위험한이라는 반대 의미를 내포하는 데까지 변화하는 데서 알 수 있다.

"따라서 하임리히Heimlich는 진화를 하면서 이중의 의미를 지니게 된 것인데, 이 진화는 하임리히가 반대어인 운하임리히unheimlich

의 뜻을 지닐 정도로까지 진행된 것이다. 운하임리히는 말하자면 하임리히의 일종인 셈이다."[32]

그렇다면 결국 동전의 양면과 같이 편안한 곳이나 친근한 사물, 친밀한 사람에게서 두려운 낯설음의 정서를 느낄 때는 언제일까? 그것은 집과 같이 가장 편안한 공간에서 나와 가장 친밀한 가족이나 친구가 내게 두려운 낯설음의 정서를 느끼도록 돌변할 때일 것이다. 그리고 이는 공포영화나 소설의 단골 주제이기도 하다. 언니와 엄마가 마당에서 무언가를 먹고 있다가 내 쪽을 바라보았는데 가장 친숙한 나의 가족인 그들이 갑자기 마귀로 변해버렸다고 상상해보자. 물론 이것은 꿈속에서의 상황이겠지만 내게 그 꿈이 너무도 선명하고 진저리치게 느껴지는 것은 친숙한 공간인 집에서 친밀한 가족이 마귀로 돌변할 때의 두려운 낯설음 때문일 것이다. 부엌에서 식칼을 들고 요리를 하다가 칼을 든 채 엄마가 거실로 나온다면, 어린아이에게는 나를 가장 보호해주고 사랑해주어야 할 제1양육자가 갑자기 살인귀로 돌변해 나를 해칠지도 모른다는 생각이 들 수도 있고, 이 때 두려운 낯설음의 정서를 느낄 수 있다. 혹은 항상 자상하고 선량해 보이던 남편이 작은 사건에 돌변해 자신의 본성을 드러내며 내 모가지를 쥘 때, 이 세상에서 가장 사랑하는 사람에 의해 내가 질식사할 수 있다는 매우 서글프지만 잔인한 현실을 발견할 수도 있다. 이런 이유에서 친숙한 공간인 집에서 발생하는 여러 가지 사건이나 상황, 즉 이 집이 알고 보니 귀신 들린 집이었다든가, 아니면 가장 편안한 나의 집에 살인귀가 출몰하여 사람들을 하나둘씩 죽인다는 등의 설정은 공포영화가 노리는 '두려운 낯설음'의 효과다.

또한 프로이트는 대부분의 사람들에게 가장 강렬하게 두려운 낯설음의 정서를 불러일으키는 것이 죽음, 시체, 죽은자의 생환이나 귀신과 유령에 관한 것이라고 지적한다. 죽음에 대한 원초적인 공포와 자고로 죽은 자는 산 자의 적이라는 믿음 때문에 죽은 자들이 가사 상태에 있거나 다시 살아나는 광경 등은 두려운 낯설음의 정서를 불러일으킨다는 것이다 비슷한 맥락에서 죽어 있는 사물과 형상, 인형 같은 것이 살아 움직일 때 두려운 낯설음의 정서가 유발된다. 프로이트는 옌치E. Jentsch의 말을 인용하여 "어떤 한 존재가 겉으로 보아서는 꼭 살아 있는 것만 같아 혹시 영혼을 갖고 있지 않나 의심이 드는 경우, 혹은 반대로 어떤 사물이 결코 살아 있는 생물이 아님에도 불구하고 우연히 영혼을 잃어

버려서 영혼을 갖고 있지 않는 것이 아닌가 하는 의심이 드는 경우"[33], 두려운 낯설음을 불러일으킨다고 보았다. 예를 들어 밀랍인형, 마네킹, 자동인형 등이 살아 움직이는 것만 같을 때 우리가 받는 섬뜩한 정서를 떠올리면 된다.

악령에 깃든 인형은 공포영화에 등장하는 단골 소재이기도 하다. 집이라는 가장 친밀한 공간에서 내가 가장 좋아하는 인형을 바라볼 때 갑자기 밀려오는 낯선 느낌, 그 인형이 갑자기 살아 숨 쉬며 움직일 것 같은 느낌이 주는 두려움은 강력한 '두려운 낯설음'의 일종이다.

호프만Ernst T. A. Hoffmann의 《모래인간》에 나오는 자동인형 오필리어는 이러한 두려운 낯설음을 불러일으키기에 충분한데, 프로이트는 《모래인간》에 대한 분석에서 거세를 집행하는 무서운 아버지로서의 코펠리우스를 통해 아들이 아버지에게서 느끼는 거세공포가 어떻게 또 다른 두려운 낯설음을 불러일으키는지를 보여준다. 《모래인간》에 등장하는 오필리어는 스팔란차니 교수가 만든 자동인형이다. 주인공 청년 나타나엘이 망원경으로 집 바로 맞은편에 있는 교수의 아파트를 엿보다가 우연히 오필리어를 발견한 순간 벼락을 맞은 듯이 매혹되어 이성적이고 차분한 자신의 약혼녀를 잊어버리게 된다. 스팔란차니 교수는 무도회를 열어 자동인형 올림피아를 사람들에게 소개시킨다. 기계적으로 피아노를 치고 누가 무엇을 물어보건 "아, 아"라고만 대답을 하는 올림피아를 사람들은 이상하다고 생각하지만 주인공 청년 나타나엘만이 올림피아에 매혹되어 사랑에 빠지게 된다. 모두들 영혼이 없는 '자동인형'과 같은 올림피아가 움직이고 말하는 모습에 '두려운 낯설음'의 정서를 느꼈으나, 오직 나타나엘만이 "아,아"라고만 대답하며 자신의 얘기를 모두 들어주고 이해해주는 듯한 올림피아와 사랑에 빠진다. 여성주의적인 시각에서 바라보자면, 올림피아를 거리를 두고 망원경이라는 눈을 통해 훔쳐보는 절시증을 지니고, 여성에게서 최소한의 지적 수준도 요구하지 않고 자신의 욕망을 투사한 대로 자동인형을 사랑하는 나타나엘이라는 남성은 역으로 일반적인 여성에게 '두려운 낯설음'을 불러일으키기에 충분하다.

프로이트는 《모래인간》을 분석한 뒤 여러 가지 상황을 환기시키고 몇몇 민담이나 동화를 예시로 하면서 '두려운 낯설음'을 장황하게 설명함으로써, 나와 가장 친숙한 것에 언캐니*가 도사리고 있듯이, 낯선 것, 즉 타자는 내 안에 있

---

* 독일어 '두려운 낯설음Das Unheimlich'의 영어 번역어

는 무의식이라는 것을 드러내고자 한다.

프로이트식으로 악의 문제를 설명하자면 악은 내 안에 도사리고 있는 어떤 것이다. 내 안에 도사리고 있는 악의 모습, 나의 속물성과 시기와 질투를 끝까지 밀고 나가고 그것을 명징하게 바라볼 때, 나는 또 다른 윤리적 물음에 응답할 수가 있는 것이다. 이것이 바로 내 안에 있는 낯선 타자의 모습이다.

크리스테바의 《우리 자신의 이방인Etrangers à nous-mêmes》은 고대 그리스에서 계몽주의 시대를 걸쳐, 근대 민족 국가의 탄생에 이르기까지 발전해온 이방인étrangers과 낯설음étrangeté의 개념을 추적한다. 또한 그는 원시 사회에서 '적'이었던 이방인이 현대 사회에서 사라질 수 있는지를 반문하면서, 서구의 역사 속에서 이방인이 사유되고 받아들여지고 거부되었던 지점과, 서구인들이 어떤 순간에 이방인 없는 사회의 가능성을 종교와 도덕의 선상에서 꿈꾸었는가를 살펴본다. 이 책의 서문인 〈토타카와 푸가〉는 이 세상의 모든 국가와 지역에 존재하는 이방인들의 시들어가는 혼에게 바치는 매우 슬프고 애잔한 진혼곡이다. 그것은 프랑스 지식인 사회에 동화된 듯 하지만 불가리아 출신의 여성 이방인이라는 이중적인 타자로 살아가야 하는 크리스테바 그 자신을 위한 위무의 곡이기도 하다.

"행복한 이방인이 존재하는가?

이방인의 얼굴은 행복을 불태운다.

무엇보다도 그의 단독성은 포착한다. 다른 사람들 같지 않은
이 눈들, 이 입술들, 광대뼈, 이 피부는 그를 구별 짓고 여기에
누군가가 있음을 환기시킨다. 이 얼굴의 차이는 모든 얼굴이
주의 깊은 시선으로 드러내야 하는 것, 즉 인간에게 있어서의
평범함이 존재하지 않는 것을 극도로 나타낸다…. 우리는 이
방인이면서 행복할 수 있는가? 이방인은 행복에 관한 새로운
생각을 불러일으킨다. 푸가와 출신 사이에서, 부서지기 쉬운
경계, 일시적인 항상성, 이방인의 낯선 행복은 이 도망중인 영
원성이나 이 영속적인 일시성을 견지한다."[34]

완전히 자유롭지만 이 절대적인 자유 속에서 고독하고,
모든 것이 뿌리 뽑힌 고아의 시간을 보내는 이방인의 모습
은 우리 곁에 항상 존재하지만 드러나지 않는 동시에 두드
러지게 드러나는 불행한 타자들의 자화상들이다.

크리스테바가 《우리 자신의 이방인》에서 낯설은 이방인
에 대해 제기한 질문과 고찰은 오늘날 비단 서구 사회에만

국한된 문제가 아니라는 것은 자명하다. 우리가 가는 곳 도처에 존재하는 이방인, 좀 더 적나라하게 말하자면 잘사는 나라에서 온 백인이 아닌 이방인의 얼굴에 꽂히는 우리의 시선은 이방인의 행복을 불태우고 재만 남긴다. 낯선 타지에서 여행자가 아닌 거주하는 이방인으로 살아가야 할 때, 피부색과 국적으로 일종의 계급이 나뉘어질 때, 지배와 배제의 논리에 의해 무의식적인 축출을 당할 때, 이방인은 그 무한한 자유, 그러나 쓸모 없어지는 그 절대적 자유 속에서 부영하게 될 뿐이다. 그러나 다른 한편, 우리는 이제 전 지구적인 차원에서는 경제적인 측면에서 사람들이 이동하고 교류하는 시대에 살고 있다. 유럽에 수많은 난민이 유입되는 상황에서, 사회적으로나 종교적으로 여러 가지 폭약을 안고 있을 수도 있는 이들을 어떻게 받아들여야 하는가를 진지하게 고민할 수밖에 없는 유럽인들의 문제가 부각된다. 이것은 비단 유럽인들만의 문제가 아니다. 현재 국내적으로는 인구 감소에 따라 정부 차원에서 다문화 정책을 펴고 있다. 그러나 이것은 하나의 정책일 뿐, 곳곳에 숨어 있는 외국인 혐오를 볼 때, 대한민국의 국민들은 여전히 타자와 이방인과 함께 살 수 있는 준비가 되어 있지 않은 것 같다. 이 지점에서 크리스테바가 던지는 질문은 유효할 수 있다. 그것은 추방이나 균등화가 아니라, 우리가 내적으로나 주관적으로 타자와 함께 살 수 있으며, 타자로서 살 수 있는가는 질문이고 그 질문은 타자성의 양식을 받아들이는 우리의 능력을 새로이 반성하는 것으로 이끈다.

> 타자와 함께 사는 것, 이방인과 함께 사는 것은 우리에게 어떤 타자가 되는 것과는 다른 가능성을 대면시킨다. 그것은 단순히 인문주의적으로 타자를 받아들이는 것과는 다른 우리의 능력과 관계되는 것이 아니라, 그의 입장이 되어보는 것과 관련되며, 그 자신이 타자로 스스로 생각하고, 타자가 되어보는 것이다. "나는 타자이다"라는 랭보의 말은 단순히 시를 따라다니는 정신병적인 환영이 아니다. 그 말은 이처럼 현대의 시대에 살아가는 기술, 살갗이 벗겨진 자의 범세계주의를 예고하는, 이방인이 되거나 이방인으로 살아가는 망명, 가능성이나 필연성을 천명했다.[35]

내가 타자로 되는 것, 내가 이방인으로서 사는 것, 그것은 낯선 타자가 내 안에 거주하고 있음을 인정하는 것이다. 크리스테바에 따르면 낯설음은 타자와의 조우다. "낯설음은 또한 자아와, 내가 충동하는 타자 간의 심연의 경험이다. 내가 타자를 지각하지 않을 때조차도 나는 타자를 부인하기 때문에, 타자는 나를 무화시킨다. 내가 거부하는 타자에 직면했을 때, 나는 나의 경계를 상실하고 더 이상 내용을 지니지 못하고, 사람들이 내게서 내버려두었던 경험의 기억들이 나를 휩쓸고 나는 내용을 잃어버린다. 나는 "상실하고" "불분명하고" "애매하게" 느낀다. 다수적인 것은 불안한 낯설음의 변용이다."[36] 따라서 타자에 대면해 나의 자율성을 잃지 않는 고전적인 방법은 나와의 동일시나 투사다. 그러나 실은 이 자율적인 자아가 붕괴되는 순간이 있다. 이것이 바로 두려운 낯설음의 순간이다. 단순한 불안에 비해 더 충격적이며 기괴하며 경악인 두려운 낯설음는 불안을 넘어서 자아상실로 이어지는 불편한 순간을 목도하게 된다. 도저히 자아와 동일시할 수 없는 낯설은 타자는 경악스러운 공포의 순간에로 우리를 이끈다.

앞서 살펴 보았듯이, 프로이트는 〈두려운 낯설음〉에서 죽음, 자동인형, 생각의 전능성, 동일한 것의 반복 등의 계기가 두려운 낯설음을 불러일으킨다고 보았다. 다른 한편, 신경증에 걸린 남자들의 경우, 여성의 성이 두려운 낯설음의 원천이 되기도 한다. 여성의 성기와 성욕에 대한 공포, 그 앞에서 남성들이 느끼는 두려운 낯설음의 경우, 인류학적으로 많은 문화권 내에서 바기나 덴타타Vagina Dentata, 즉 이빨 달린 질로 표현되며, 거세하는 자로서의 여성에 대한 공포를 창출하곤 했다. 앞서 말했듯이, 출산하는 여성은 풍요의 이미지로 다가오는 한편, 남성들로 하여금 두려운 낯설음을 불러일으키는 원천이기도 했다.

크리스테바는 프로이트의 〈두려운 낯설음〉을 재독해하면서, 죽음이라는 타자, 여성이라는 타자, 통제불가능한 충동이라는 타자에 대한 원초적이고 유치한 공포와 우리 자신의 욕망이 어떻게 이어지고 있는지를 고찰한다. 그리고 그녀는 죽음, 여성의 성, 통제불가능한 충동이라는 두려운 낯설음을 불러일으키는 타자들이 어떻게 우리 안에 잠재하고 있는지를 밝혀낸다.

사실 프로이트는 〈두려운 낯설음〉에서 이방인에 대해서 언급한 바가 없다. 그에게 이방인은 죽음과 여성의 성, 혹은 사악하고 자유분방한 충동을 불러일으키는 만큼 무서운 불안, 즉 두려운 낯설음을 불러일으키지 않는다. 그럼에도 불구하고 크리스테바는 외국인혐오증의 '정치적' 정서는 우리가 '두려운 낯설음'이라고 부르는 것, 즉 영국인들이 언캐니라고 부르고 그리스인들이 크세논이라고 부르는 신들린 상태의 공포를 포함하고 있으며, 이러한 정치적 정서가 우리에게 내면화된다고 지적한다. 이러한 맥락에서 이방인이 우리에게 불러일으키는 거부감 속에는 자아정체성을 상실하는 것에 대한 두려운 낯설음이 존재하게 되는 것이다. 이러한 맥락에서 프로이트는 이방인이 불러일으키는 낯설음의 정서에 대해 말하지 않았음에도 불구하고, 이방인의 타자성이 어떻게 작동하는가에 대한 분석의 틀을 마련해줄 수 있다. 다른 타자와 마찬가지로 이방인은 우리 안에 있다. 우리가 이방인을 피하거나 그에 맞서 싸울 때, 이미 이방인을 배태하고 있는 우리의 무의식에 대항하여 싸우는 것이다. 이러한 맥락에서 본래적인 자기란 존재하지 않는다. 모든 자기는 비본래적이며, 이는 우리가 자신 안에 존재하는 낯설음을 추적할 때, 깨닫게 되는 불편한 진실이다.

우리의 불안하게 하는 타자성을 발견할 것, 왜냐하면 우리가 본래적이며 견고한 '우리'로서 지속적으로 유지하는 것의 한가운데 타자의 투사적 출현을 산출하는 이러한 '악마', 이러한 위협, 이러한 불안에 직면해 출현하게 하는 것은 타자성이기 때문이다. 낯설음은 우리 안에 있으므로, 우리는 모두 이방인들이다. 만일 내가 이방인이라면, 이방인은 존재하지 않는다. 따라서 프로이트는 그것에 대해 말하지 않았다. 정신분석학의 윤리는 어떤 정치학을 포함한다. 그것은 정부, 경제, 시장을 횡단하고 그 연대가 그의—욕망하고, 파괴하고, 겁 많고, 비어 있고 불가능한—무의식의 의식에 기초하고 지워지는 인류를 위해 작동하는 새로운 형태의 범세계주의에 관련된 것이다.[37]

따라서 이 시대를 살아가는 나는 동일자이며 타자다. 나는 토착민인 동시에 이방인이다. 나는 선인 동시에 악을 배태한다. 나는 가해자인 동시에 희생자다. 그것은 내 안에 도사리고 있는 낯선 모습의 악을 인정하고 내 안의 속물성을 인정할 때 깨달을 수 있는 단계이다. 내 안에 존재하는 두려운 낯섦음, 공포의 원천인 이질성이 있음을 인정할 때, 나는 다른 성, 다른 계급, 다른 인종, 다른 나라를 인정하고 존중할 수 있는 토대가 마련된다. 이 토대 위에서 우리는 다시 새로운 윤리, 그리고 내 안에서부터 나를 덮쳐오는 공포를 전도하여 새로운 미학을 창출할 수 있다.

3부

공포와 미학

프롤로그:

무엇어든 일어날 수 있고, 모든 것이 가능하고 그럴 듯하다

베르히만Ingmar Bergman 감독의 〈화니와 알렉산더〉(1982)는 크리스마스를 앞두고 화려한 붉은색으로 단장된 에크달 가를 보여주는 것으로 시작한다. 이 가문의 우두머리인 에크달 노부인은 세 아들을 두고 있는데, 그중 큰아들이 하는 오스카는 극장을 운영하고 있고, 에크달 노부인은 큰아들의 예술 사업의 든든한 후원자다. 영화 전반에 나타나는 노부인의 놀라운 포용력, 즉 큰아들 오스카가 갑작스럽게 병으로 죽은 후 다른 남자와 재혼한 며느리가 새 남편과의 사이에서 낳아온 딸까지 기꺼이 받아들이는 포용력과 든든한 재원은 예술가라면 누구나 꿈꾸는 후원자상이 아닐까? 그것은 아마 베르히만 감독 자신의 희망사항일지도 모른다는 생각이 든다.

〈화니와 알렉산더〉는 베르히만 감독의 자전적 이야기다. 베르히만 감독은 엄격하고 보수적인 목사 아버지 밑에서 자라났다. 엄격한 가정환경 아래, 심적으로나 육체적으로 억압을 받던 그는 아홉 살 때부터 인형극 놀이라는 예술의 세

계에 빠져든다. 직접 각본을 쓰고 의상, 소품, 조명을 준비하며 일인 다역을 맡는 등, 이때부터 그는 영화감독으로서의 예술적 소양과 토대를 쌓아나간 것으로 보인다. 이러한 어린 시절 자신의 모습은 극중 주인공인 어린 알렉산더에게 투영되어서, 알렉산더가 크리스마스 이브 날 인형극 놀이를 하는 모습으로 영화 속에서 재현된다. 그리고 영화 곳곳에서 등장하는 환등기를 이용한 환상적인 영상이나 유령의 영상은 주인공 소년이 어떻게 유아적인 인형놀이에서 빛과 환상의 세계인 영화로 자연스럽게 넘어가는지를 보여준다.

이 영화의 중반부부터 스며든 것은 아마도 두 가지, 즉 햄릿 이야기와 프로이트와 라캉의 정신분석학일 것이다. 에크달 노부인의 첫째 아들인 아버지 오스카의 급작스러운 죽음 이후, 젊은 어머니는 아버지의 죽음을 받아들이지 못하고 괴로워하다가 장례식을 주관한 주교와 가까워지게 되고, 그와 재혼한다. 밝은 톤의 집에서 어두침침하고 엄격한 주교의 집으로 이사 간 어린 남매 화니와 알렉산더는 아동학대를 당하며 창문이 막힌 방에서 갇혀 지낸다. 재혼한 어머니는 알렉산더에게 "햄릿 흉내내지 마라"라고 말하지만, 알렉산더에게 새아버지는 덴마크 왕이고 어머니는 거트루트 왕비다. 알렉산더는 상상력을 거짓의 원천이라고 바라보는 새아버지인 주교에 맞서 끊임없이 상상력의 산물인 거짓말을 늘어놓는다. 이미 돌아가신 아버지의 유령을 여러 번 본 알렉산더에게, 무수한 거짓말을 통해 현실과 상상은 이미 그 구분이 어려워지게 된다. 이것은 주교로 대표되는 언어, 문화, 종교, 도덕, 규범체계로서의 상징계, 그리고 상징계의 언어체계로 표상할 수 없는 무규정적인 것, 죽음, 성, 섬뜩한 심연 등을 드러내는, 예술적 영감과 환상의 원천인 실재의 대립을 나타낸다.

결국 화니와 알렉산더는 할머니 에크달 노부인의 유대인 친구인 이삭에 의해 구출되고, 알렉산더는 그의 집에서 이상한 체험을 하게 된다. 이삭의 집은 프로이트가 말한 '두려운 낯섦'으로 가득찬 집이다. 기괴한 인형들과 탈들이 살아 움직이듯이 춤을 춘다. 가장 섬뜩하고 공포스러운 것은 사람을 해칠 수 있는 위험한 능력을 가졌다는 이유로 이삭의 집에서 감금되어 지내는 이삭의 조카 이스마엘과의 만남이다. 이스마엘은 알렉산더의 욕망, 새아버지인 주교의 죽음을 바란다는 것을 읽고, 이 욕망대로 움직이는 상상과 현실의 경계에 있는 영상들을 보여준다. 여기서 영화는 "상대방을 해치고 싶어하는 자신의 은밀한 욕망을 두려워하고 있고, 어떤 전조들을 신뢰함으로써 자신의 의도가 저절로 실현되는 능력을 갖고 있다고 생각하는"[1] 프로이트의 "생각의 전능성"이 어떻게 실현되는지를 보여주고 그것이 불러일으키는 두려움과 낯설음을 극대화시킨다. 이 생각의 전능성에 따라, 즉 알렉산더가 소원한 대로 새아버지인 주교는 화재로 죽는다.

영화의 결말부는 화니와 알렉산더가 무사히 집으로 귀환한 후, 어머니가 죽은 새아버지 사이에 낳은 딸아이의 탄생을 기념하며 할머니 에크달 노부인이 연 성대한 연회를 보여준다. 알렉산더는 다시 과거의 행복하고 영광스러운 유년기를 되찾았다. 그러나 그는 밤중에 잠옷 차림으로 집안을 다니다가, 그의 머리를 치고 노려보는 주교의 말에서 어떤 섬뜩함을 느끼게 된다. 그것은 "넌 내게서 벗어날 수 없어"라는 언명이다. 모든 환상과 망상, 예술적 영감과 창조 행위는 기존의 종교와 언어, 규범체계를 완벽히 벗어나서 존재할 수 없다는 그 언명은 환상과 거짓을 창출하는 예술가들에게 오싹하고 으스스한 현실이다.

예술가의 환상과 환타지는 상징계의 현실 원칙을 크게 거스르지 않는 선에서 허용되기 때문에, 상징적 질서를 거스를 만큼 과하거나 사회 체계에 위협이 된다고 판단되는 순간, 그것은 검열당하고 폐기되기 때문이다.

겁이 난 알렉산더는 할머니 에크달 부인의 무릎에서 잠이 든다. 에크달 부인은 스트린드베리August Strindberg의 희곡 《꿈 연극》의 첫 구절을 낭독하는데, 그것은 혹시 그동안 알렉산더가 겪었던 일련의 사건과 이야기들이 모두 꿈이 아니었을까 하는 의심을 자아내게 한다.

"무엇이든 일어날 수 있고, 모든 것이 가능하고 그럴듯하다. 시간과 공간은 존재하지 않는다. 특별한 사건이 없는 현실에서 일어나는 일들 위에 상상력은 새로운 방식들을 조직하고 일궈낸다"[2]

1장 공포가 예술을 필요로 하는 이유

무엇이든 일어날 수 있는 세계, 비록 그 세계에 섬뜩함과 두려운 낯설음이 존재하지만, 이러한 공포는 얼마나 우리의 삶을 '재미'있게 만드는가? 반대로 아무 것도 일어나지 않는 세계, 너무나 안정적인 세계는 지루하다.

현재 한국에서는 불안정한 노동 시장으로 인해 거의 대부분의 젊은이들이 꿈꾸는 직업이 공무원과 교사가 되어 버렸다. 초봉은 그리 높지 않지만, 연차에 따라 급여는 올라가고, 20년을 근무하면 연금을 받을 수 있다. 사회적으로 크게 지탄받을 만한 큰 잘못을 저지르기 전까지는 그야말로 안정된 직장이다. 그러나 모두가 그렇지는 않지만, 별 탈 없이 안정적으로 공무원이나 교사 생활을 하는 경우 지루함 속에서 매너리즘에 빠질 수 있다. 실제로 너무나 평탄하고 너무나 안정적이고 너무나 문제가 없는 나머지, 너무나 '지루한' 일상을 호소하는 몇몇 사람을 나는 목도했다.

모두가 꿈꾸는 '안정적인' 세계는 '지루함'이라는 복병을 내포한다. 월요일부터 금요일까지 똑같이 반복되는 일상은 이 남루할 만큼의 지루함을 깨뜨릴 뭔가를 갈망하게 된다. '공포' 만큼이나 이 지루함을 깨뜨릴 신선하고 매혹적인 것은 없다. 이 지점에서 스벤젠은 니체를 인용하며, 공포는 매력과 관계된다고 선언한다. "모든 공포가 제거되는 세계는 매우 매력적이지 못하게 보인다. (…) 공포가 없는 세계는 매우 지루하다. 생화학적으로 말하자면 공포는 호기심, 즉 흥미진진한 영화와 체험들이 매우 재미있는 이유일 수 있는 어떤 것과 연관되어 있다. (…) 소설, 영화, 비디오 게임이 우리의 재치를 벗어나 무서워질 때, 의심할 나위 없이 즐거운 어떤 것이 있다."[3]

현대인들은 지루한 일상에서 벗어날 뭔가 자극적인 것을 끊임없이 추구하는데 자극적인 것은 공포스럽거나 끔찍한 것과 관련된다. 젊은이들 사이에서 폐쇄된 방에서 문제를 풀어서 한 시간 만에 탈출하는 방탈출 카페가 인기를 끌거나, 폐교 등을 방문하는 '공포체험'을 하는 동아리가 생기는 것도 이러한 맥락에서다. 죽지 않을 만큼 소름 돋는 공포체험의 소비는 다시 일상으로 복귀할 힘을 가져다주기도 한다. 자극적인 공포는 종종 선정적인 것과 결합된다. 에로틱

한 것은 죽음의 경계나 죽음에 대한 공포와 맞닿아 있기 때문이다. 따라서 많은 공포영화는 죽음과 성이라는 이중의 코드를 도식처럼 활용한다.

사실 서구에서 공포의 정서가 미학적 범주에 포함되기 시작한 것은 17, 18세기에 이르러서다. 즉 지루한 일상에서 벗어나, 너무나 크고 공포스러워 숭고미를 느끼게 하는 알프스를 여행하는 서유럽 사람들의 여행담이 출간되면서부터다. 데니스John Dennis는 1693년 출간한 문집에서 알프스를 여행하면서 접한 대자연의 모습에 대해 느낀 정서를 "공포, 때로는 거의 절망이 뒤섞인 즐거움"[4]이었다고 서술한다.

일상의 지루함을 깨는 공포는 공상과학 소설의 시초라고 할 수 있는 셸리Mary Shelley의 《프랑켄슈타인》이 만들어지는 과정에서 잘 드러난다. 《프랑켄슈타인》은 셸리의 알프스 여행 후, 스위스 제네바의 한 별장에서 탄생하게 된다. 셸리는 진보적 철학자인 아버지 골드윈의 제자이자 시인인 퍼시 비시 셸리와 사랑에 빠졌으나, 그는 이미 아내와 자녀가 있는 유부남이었다. 1816년 그녀는 퍼시 비시 셸리와 자신의 동생 클레어와 함께 여행을 떠났다. 이들은 스위스 제네바 호수 근처의 별장 '다오다티'에서 이곳에 머물고 있는 문인 바이런 경과 그의 주치의 폴리도리를 만났다. 그러나 그해 여름은 매우 추웠다. 1815년에 인도네시아의 탐보라 화산 폭발 때문에 화산재가 하늘을 덮어 세계는 바야흐로 여름이 없는 기후 속에서 시간을 보내고 있었던 것이다. 이런 이상 기후로 바깥 활동을 할 수 없게 된 이들은 별장에서 지루한 시간을 보내다가, 이 지루한 일상을 깰 만한 활동을 생각해냈다. 바로 〈판타스마고리아나fantasmagoriana〉라는 제목의 독일 괴담의 프랑스어판을 같이 읽고, 서로 괴기한 이야기를 짓고 발표하는 것이었다.[5] 재미있고 기괴한 괴담을 선뜻 쓰지 못했던 셸리는 악몽을 꾸고, 연인 퍼시 비시 셸리의 독려를 받아 쓰게 된 소설이 바로 《프랑켄슈타인》이다.

여기서 셸리 일행이 읽었던 괴담집의 제목이 '판타스마고리아나'라는 점이 흥미롭다. 이 제목과 관련된 '판타스마고리아fantasmagoria'는 본래 18세기 독일에서 탄생하고 프랑스 상류층에서 유행하던 마술 환등기와 관련이 있다. 독일의 흥행사 게오르크 슈뢰퍼는 과학이나 이성으로 설명되지 않는 현상을 연구하는 은비학*에 관심이 많았고, 환등기 같은 당시 신기술에 능통했다. 또한 유령을 부르는 강령회에 매료돼 있었다. 이를 바탕으로 그는 커피하우스를 사들여 일

---

* 과학적으로 해명할수 없는 신비하고 초자연적인 현상 또는 그러한 현상을 일으키는 기술. 점성술, 강령술 등이 있다.

명 '공포체험극장'으로 개조했고, 자기를 추종하는 고객들을 모아 놓고 환등기를 이용한 강령회를 열었다. 환등기를 이용해 자욱한 연막을 배경으로 유령의 모습을 투사하는 한편 음향효과를 이용해서 그 작은 공간에 굉음이 울리게 해 섬뜩함을 더했다. 이러한 공포체험 극장은 당대 상류층의 오락거리로 큰 인기를 끌었으며, 독일에서 시작되었지만 프랑스 대혁명기의 파리에서 열광적인 반응을 이끌어냈다. 이 공포체험은 슈뢰퍼의 후예들에 의해 점차 확산됐고, 그로부터 수십 년 동안 유럽인들의 상상력을 자극했던 '판타스마고리아'라는 유명한 유령극이 된다.[6]

이처럼 유령극과 관련된 제목을 지닌 괴담집에서부터 시작된 셸리의 《프랑켄슈타인》은 이후 20세기 공포영화의 탄생에 많은 영감을 주었다. 이는 아마 비 내리는 추운 여름, 지루하게 별장에 갇혀 있던 사람들에게 그 '할 일 없는' 일상을 벗어나게 해주는 계기가 된 것이 일종의 '공포체험'이었기 때문이 아닐까?

그러나 현대의 '판타스마고리아'는 단순히 둥그렇게 모여 앉아 귀신 이야기를 하거나 마술 환등기를 이용해 유령의 모습을 투사하던 고전적인 방식과는 차이가 있는 것 같다. 1995년에 출고된 '판타스마고리아'라는 제목의 비디오 게임은 잔혹한 공포영화 기법을 사용한다. 이 게임은 그간의 게임과는 차별화되는 강도 높은 잔혹성과 선정성을 자랑하는 고어물이다. 꼭 이 게임이 아니더라도 많은 비디오 게임은 공포를 즐기는 현대판 '판타스마고리아'다. 비디오 게임의 유해성은 그동안 수없이 논의되어 왔지만, 왜 사람들이, 특히 청소년들이 더 자극적인 공포물과 유해한 비디오 게임에 빠져드는지에 대해선 별로 논의되지 않는 듯하다. 이들의 일상은 다람쥐 쳇바퀴 도는 상황 속에 있다. 극심한 경쟁 속에서 끊임없이 주변의 아이들과 비교당하고 부모의 기대를 충족시키기 위해 아침부터 밤까지 학교와 학원을 오가기를 반복하는 과도한 일상. 이 속에서 그들이 추구하는 자극적인 공포는 반복적이지만 고통스러운 일상성에서 탈출할 수 있는 일종의 오락이다.

스벤젠은 우리가 가상이나 극한적 스포츠의 형태로 경험하는 공포는 "낮은 강도의 공포"이며, 지속적이고 약한 "불평"이라고 평한다. 그러나 일상이 지루하면 지루할수록 사람들은 더 강렬한 공포체험을 원한다. 여기에 한계가 있을까? 어떤 비디오 게임에 나오는 공포와 선정성이 사람들을 삼키고 잠식할 만큼 거대해서 실재와 비실재를 구분하는 판단력을 상실하게 할 때, 현실에서 가상의 폭력을 시험하게 되는 유해한 것이 되며 '예술'의 기능을 상실한다. 다시 말해 영화나 게임이라는 가상을 통해 우리가 추구하는 강렬한 공포는 가림막을 벗고 실재가 되는 순간, 엄청난 위험을 초래하게 된다. 살인, 강간, 그리고 테러에 이르기까지, 고삐 풀린 공포에의 추구가 가상에서 실재 세계에 발을 들여놓을 때 엄청난 후폭풍을 맞이하게 된다.

그래서 일상을 깨는 공포체험은 차단막과 거리감을 필요로 한다. 그것이 바로 공포가 예술을 필요로 하는 이유다. 우리의 일상을 완전히 흩트리거나 깨트리지 않고, 안전한 방식으로 위험하고 공포스러운 것을 오락거리로 경험할 수 있는 것은 그것이 비실재적인 예술일 때 가능하다. 예를 들어 영화를 볼 때 느끼는 공포나 슬픔이 내 삶을 잠식할 만큼 충격을 주지 않거나 모방 심리를 일으키지 않는 등, 우리를 해치지 않는 선에서 카타르시스를 느끼게 할 때, 예술은 그 차단막을 잘 활용하고 있는 것이다. 이러한 지점에서 스벤젠은 오스카 와일드의 말을 인용하며, 예술이 어떻게 우리의 삶을 다치지 않게 하면서 모든 것을 표현할 수 있는지를 보여준다.

"왜냐하면 예술은 우리를 다치게 하지 않기 때문이다. 우리가 연극에서 흘리는 눈물은 정교한 불모의 정서 한 유형이다. 우리는 눈물을 흘리지만, 상처를 입지는 않는다. 우리는 비통해하지만 우리의 비탄은 쓰라리지 않다. 우리는 예술을 통해서만 우리의 완벽함을 실현시킬 수 있다. 예술을 통해서만 우리는 현재의 존재의 부도덕한 위험에서 우리를 방어할 수 있다."[7] "무엇이든 일어날 수 있고, 모든 것이 가능하고 그럴듯하다"라는 스트린드베리의 말이 갑작스럽게 이해될 수 있는 대목이다.

3부 2장에서 언급하게 되겠지만 버크는 《숭고와 아름다움의 이념의 기원에 대한 철학적 탐구》에서 "아주 단순하게 고통과 아무런 관계없이도 존재하는 쾌감과 고통에 대한 관계가 없이는 존재할 수 없는 쾌감"을 구분하면서, 후자의 쾌감을 "안도감Delight"이라 부른다.[8] 버크에 따르면, 쾌감이 사라질 때 고통이 나타나는 경우보다는 고통이 사라질 때 쾌감이 생기는 경우가 더 일반적이며, 이러한 쾌감이 안도감 혹은 희열이라는 것이다. 이 안도감은 공포의 정서와 밀접한 관련을 지닌다. 고통은 공포스러운 대상과 맞닥뜨렸을 때 일어나기 쉽기 때문에, 공포감을 수반하는 경우가 많다.

이제 막 절박한 위험에서 벗어난 사람이 있다고 가정해보자. 포탄이 날라다니는 전쟁 중에 나는 적군의 포로가 되었다. 적군은 꽤 많은 수의 포로를 획득했고, 이 포로들이 진군하는 데 많은 지장을 준다. 그래서 나를 포함한 포로들에 대한 사형을 집행하고자 한다. 더러운 헝겊으로 눈을 가린 채 끌려나가는 나는 공포감을 넘어 이제 다 끝났구나하는 자포자기의 심정이 든다. 꽝음과 같은 총소리가 울리면서 다섯 번째 대열의 사형 집행이 끝났다. 그리고 이제 내가 속한 대열 차례가 왔고 어김없이 적군의 병사들이 내 팔을 끌어낸다. 그런데 갑자기 장교가 내가 속한 대열부터 집행을 연기한다. 다음날 나는 풀려났다. 적군이 밀려들어오는 아군의 기세에 포로병들을 버려두고 도주한 것이다. 버크는 이처럼 절박한 위험이나 고통에서 벗어났을 때 우리 마음이 어떤 상태에 있는지를 기술한다.

"이런 경우에 우리는 실질적인 쾌감을 느낄 때와는 아주 다른 기분을 느낀다. 우리 마음은 이제 상당히 절제된 감정을 지니게 되고 일종의 경외감, 두려움의 그림자가 드리워진 평온한 느낌을 갖게 된다."[9]

이것이 바로 안도감이다. 안도감 속에는 격렬한 고통이나 급박한 위험 상황이 지나간 후 우리 마음 속에서는 두려운 정서가 여전히 요동치고 있다. 마치 공황장애 환자가 공황발

작을 일으켜, "내가 이대로 끝장나는구나" 하는 죽을 것 같은 극도의 고통과 공포감 속에서 자신을 제어하지 못하는 폭풍우 같은 상황이 지나고 조금씩 안정을 되찾을 때, 여전히 그 요동치는 공포감은 잔존하지만 "오늘도 내가 살았구나, 그냥 넘어갔구나" 하는 안도감을 느끼는 것과 같다. 이러한 안도감은 거리감을 상정하기 마련이다. 예를 들어 가까이 있으면 공포 속으로 잠식될 만한 거대한 토네이도나 폭포를 바라볼 때, 우리가 그것들과 어느 정도 거리감이 있어야 쾌감을 느낄 수 있다.

자고로 예술은 이러한 공포를 수반한 고통에서 나오는 쾌감을 자극해왔다. 덕을 갖춘 위대한 인물이 운명의 힘에

의해 비극적 결말을 맺는 고대 그리스 비극에서부터 현대의 멜로 드라마에 이르기까지, 주인공이 겪는 감당하지 못할 비극과 고통에 빠져들지만, 극이 끝나고 그들과 나 사이의 간극을 의식했을 때 우리는 다시 감동과 동요를 가지고 일상에 복귀한다.

버크는 실제든 가상이든 다른 사람들의 고통을 보면서 안도감이라는 쾌를 느끼기 위해서는 내가 급박한 위험에서 벗어나 있다는 사실이 절대적으로 필요하다고 주장한다. 예를 들어 텔레비전을 통해 올 여름 한반도를 강타한 폭풍의 위력과 수재민들의 고통은 안타까움과 동정심을 불러일으키는 동시에, 나 자신이 그 급박한 위험에 처하지 않은 상태이기에 안도감을 느끼게 하기에 충분하다. 그러나 수위가 높은 폭력 사건이나 살해 장면을 직접 목도한다면 얘기는 달라질 것이다. 만약 내가 한낮에 시내에 볼일이 있어 거리를 걷고 있었는데, 맞은편에서 걸어오던 어떤 30대 남자가 내 옆을 지나가던 누군가를 이유 없이 흉기로 폭행했다치자. 그때의 위험은 곧 나에게도 닥칠 수 있다고 판단될 만큼 급박하게 다가와서, 나는 공포에 압도된 채 큰 비명을 지르게 된다. 그리고는 서둘러 그 장소에서 이탈하고 112 버튼을 눌러 도와달라고 외쳐댈 것이다. 그러나 만일 영화 속에서 재현된 똑같은 광경을 보게 된다면 나는 처음엔 조금 놀라고 폭행을 당하는 사람에게 연민의 정을 느끼겠지만, 곧 '이건 영화니까'라는 평정심을 갖고 다음 장면에 몰입할 것이다. 이처럼 실제 공포스러운 폭력 장면에서는 엄청난 고통과 공포와 불쾌감 속에 잠식되는 경우가 대부분이겠지만, 영화를 관람할 때는 관찰자의 입장에서 희생자와 나를 동일시하지 않기 때문에, 공포의 정서는 안도감이라는 쾌로 전이된다.

이처럼 현대에 등장한 수많은 공포물과 스릴러물은 공포가 창출하는 쾌의 원리를 알고 있다. 이를 이용해 "무엇이든지 일어날 수 있는" 세계를 창출한다. 만일 실제적인 상황에 있다면 희생자들과의 동일시로 인해 공포에 압도당하고 잠식될 수 있지만, 이것이 모방과 재현의 틀을 취한다면, 우리는 쉽게 주인공과 나를 완전하지는 않지만 적당한 거리로 분리하고 대리공포를 취함으로써 안도감의 쾌를 얻을 수 있을 것이다. 스벤젠에 따르면 "우리는 우리 자신을 어떤 실제적인 위험에 두지 않으면서 극단적인 상황을 체험할 기회"를 갖는 것이다. 끔찍한 공포영화를 볼 때 우리는 그 공포의 체험이 너무 나를 압도하거나 너무 추하고 끔찍한 장면이 나오면 영화관을 나오거나 텔레비전 채널을 돌림으로써 그 위험에서 빠져나올 수 있고 그 위험을 통제할 수 있다.

사실 공포영화보다는 온갖 살인과 폭력과 흥건한 피가 난무하는 범죄 스릴러물이 "무엇이든지 일어날 수 있는 세계"에 가깝다. 이러한 장르에서 폭력의 미학은 선악을 초월하는 무엇이 있다. 나를 위해 미소를 지은 보스의 애인을 죽이라는 명령을 어겨 죽임을 당할 처지에 있는 남자는 영화 마지막 30분 동안 잔혹한 복수와 살해를 시행한다. 도심 한복판의 호텔은 핏물로 홍수를 이루지만, 우리는 이 남자의 행위를 스크린 안에서 일어나는 것으로 느긋하게 혹은 섬뜩한 공포감을 갖고 이해한다(영화 〈달콤한 인생〉의 경우).

그런데 만일 이것이 실제 상황이라면 사람들은 쉽게 윤리적 판단을 유보하지는 못할 것이다. 다음 장에서 살펴보겠지만 이러한 상황 속에서 숭고미를 느낀다면, 나는 그것을 '도착적 숭고'일 것이라고 생각한다. 이와 관련해서 미와 숭고에 대해서 천착할 필요가 있다.

2장 공포와 숭고: 비윤리적 미학적 쾌감으로서의 도착적 숭고

야심찬 젊은이였던 버크는 1757년 《숭고와 아름다움의 이념의 기원에 대한 철학적 탐구》를 출간한다. 이 저서에서 나타나는 숭고와 미의 구분은 18세기에 만연한 성차에 대한 가정을 그대로 답습한 것이라 할 수 있다. 버크는 전통적인 미 이론에서 제시하는 비례나 균형, 조화, 완전성, 적합성 등에서 미를 발견하는 것이 아니라, 경험적으로 아름답다고 느끼는 경우에 그러한 대상에서 발견되는 특징에서 미를 발견하고자 했다. 그 특징이 작음, 부드러움, 가냘픔, 연약함, 불완전함, 우아함, 세련됨이었고, 이러한 미적 특징들은 아름답다고 평가되는 여성의 신체에서 찾아지는 것이었다. 백합꽃과 같은 종인 여성의 미를 평가하는 버크의 얘기를 들어보자.

감각적 대상의 경우 완전함 그 자체는 미의 원인과는 거리가 너무 멀어서, 최고의 미가 나타나는 여성의 경우에는 거의 언제나 연약함이나 불완전함이라는 관념이 수반될 정도다. 여성들은 이러한 사실을 아주 잘 알고 있다. 그래서 여성들은 연약한 것처럼 병약한 것처럼 보이려고 혀 짧은 소리로 말하고 비틀거리며 걷는 법을 배운다. 이런 경우 그들은 본성의 가르침에 따르고 있는 것이다.[10]

사실 버크는 이제까지 미의 하위 개념이었던 숭고를 독립적인 미학적 대상으로 삼아 적극적으로 탐구하고, 미와 숭고의 차이를 체계화했던 사람이다. 그에게 숭고와 미란 뒤섞일 수 없는 두 가지 미학적 개념이다.

버크에 따르면 "어떤 형태로든 고통이나 위험의 관념을 불러일으킬 수 있는 것은 우리가 느낄 수 있는 가장 강한 정서인 숭고의 원천이다. 공포의 정서를 불러일으키는 대상, 그런 대상과 관련된 모든 것, 공포와 비슷한 정서를 불러일으키는 모든 것이 여기에 속한다."[11] 3부 1장에서 언급했듯이 숭고란 그저 아름다운 대상을 볼 때 느끼는 쾌pleasure와는 구별되는 것으로, 어떤 절박한 위험이나 지독한 고통, 끔찍한 공포에서 벗어났을 때 느끼는 쾌감인 '안도감delight'을 불러일으킨다. 거대하고, 광대하고, 웅장하며, 힘이 있는 대상은 공포와 경악을 불러일으킨다. 똑같이 거대하다고 해도 거대한 평원보다 거대한 대양이 숭고의 정서를 불러일으키는 이유는 그것이 우리에게 공포감을 주기 때문이다. 또한 숭고는 고통이나 위험이 있거나 공포의 정서에 사로잡힐 때 사람의 마음을 사로잡는 자기보존과 관련된 정서를 불러일으킨다.

이처럼 버크에게 숭고란 공포를 불러일으키는 자연 대상과 밀접한 관련이 있고, 그러한 숭고의 대상은 남성적 '힘'으로 흔히 표상되는 것이었다. 폭풍이나 거친 바다, 험준한 절벽, 빙하, 심연, 동굴, 폭포 등의 장엄한 자연 현상을 보면서 공포, 공허의 정서를 느끼지만, 실제로 공포를 유발하는 대상이 "우리를 소유하거나 우리에게 해를 끼칠 수" 없어서 자기보존의 정서를 느끼는 한, 그 대상이 숭고하다고 판단할 수 있다는 것이다. 이처럼 버크에게서 미란 공감, 부드러움, 정념, 모방과 같은 '여성적인' 정서를 반영한다면, 숭고의 경우 공포, 고통, 위험에서 나오는 '남성적인' 자기보존의 정서를 반영하는 것이었다.

18세기에 이르러, 전통적인 개념의 미는 더 이상 미학의 지배적인 관념이 아니게 되었고, 숭고론과 더불어 혐오감을 불러일으키는 추한 대상도 미적 담론의 대상이 되는 새로운 미학이 등장하게 된다. 실제로 버크는 '추'한 것이 숭고의 정서를 불러일으킬 수 있다고 주장한다.

> "나는 숭고의 관념과 추함이 충분히 양립할 수 있다고 생각한다. 하지만 강한 공포의 감정[정서]을 불러일으키는 성질과 결합되지 않는 한 추함이 당연히 숭고의 관념이라고 절대로 주장하지 않을 것이다."[12]

예를 들어, 엄청나게 크고 거대하지만 온갖 괴이한 형태의 기암절벽으로 구성된 자연을 보면서 우리는 추와 공포를 동시에 지닌 숭고의 정서를 느낄 수 있을 것이다.

에코Umberto Eco는 《추의 역사》에서 폐허에 대한 새로운 정서를 수반하는 버크의 숭고론에 바로 뒤이어, 황폐한 성과 수도원, 으스스한 지하실, 피의 범죄, 악마적인 망령, 부패한 주검들을 부각시킨 고딕 소설이 탄생하게 되고, 이후 추와 공포가 미학적 범주로 들어가는 낭만주의 미학이 탄생하게 된다고 보고 있다. 그리고 이 미학은 헤겔의 제자인 로젠크란츠Karl Rosenkranz에 의해 집대성된다. 로젠크란츠는 1853년 《추의 미학》에서 "자연 속의 추, 영적인 추, 예술에서의 추(그리고 예술적 부정확함의 다양한 형상들), 그리고 형식의 결여, 불균형, 부조화, 외관손상, 변형(비참한 것, 꼴불견인 것, 괴기한 것, 악마나 마녀, 사탄과 관련된 것) 등에 대해 분석한다. 이런 추들은 너무 방대하기 때문에 우리는 더 이상 추를 조화나 비례, 완전무결함으로 이해되는 미의 반대라고 말할 수 없다."[13] 이러한 미학은 단순히 미를 체험하는 경우와는 본질적으로 다른 미학적 쾌의 원천, 즉 숭고의 원천이 존재하며, 그것은 어둡고 비도덕적이고 비사회적일 수 있는 쾌와 관련되어 있을 수 있다는 버크의 숭고론과 일맥상통한다고 볼 수 있다. 버크의 숭고의 미학이 지닌 비도덕적이고 비사회적인 쾌는 모방 예술이 실제 사건에 비해 사람들에게 미치는 영향력이 더 미약하다는 것을 지적하는 버크 자신의 말을 통해 드러난다.

"우리가 알고 있는 가장 숭고하고 감동적인 비극의 상연 날짜를 잡고 가장 유명한 배우들을 캐스팅하는 한편, 무대 연출이나 무대 장식에 돈을 아낌없이 지출하고 대사나 그림, 음악에 공을 있는 대로 들여보라. 그리고는 이제 관객들이 극장에 모여들어 기대에 가득 찬 마음이 들떠 있는 바로 그 순간, 지체 높은 중죄인이 근처의 광장에서 곧 처형당할 것이라는 소식을 흘려보라. 순식간에 극장이 텅 비게 될 것이다."[14]

　같은 맥락에서 큰 대도시에 대형 화재가 났을 때 사람들은 불구경을 하러 모여들기도 한다. 이를 두고 버크는 사람들은 우리가 절대로 하지 않을 일과 한 번 일어나면 꼭 보고 싶어할 일을 충분히 구분하지 못하기 때문에 이런 일이 벌어진다고 말한다. 즉 대도시가 불길에 사로잡히길 바랄 만큼 악한 사람은 많지 않으나, 불이 나면 구경을 하거나 폐허를 구경하려고 하는 사람은 많다는 얘기다. 이는 안도감이라는 쾌는 도덕적인 맥락을 벗어나 있다는 것을 의미한다. 누군가가 큰 도탄과 불행에 빠져 있을 때 사람들은 그를 위로하기도 하지만, 바로 그 위로의 행위에는 "아, 내가 이런 일을 당하지 않아서 얼마나 다행인가"라는 안도감이 스며들어 있음을 부인하지 못할 것이다.

　프리만Barbara Claire Freeman이 지적했듯이 버크의 숭고의 미학은 그가 33년 후 발표하게 되는《프랑스 혁명에 대한 성찰》에서 드러나는 보수적인 정치학과 윤리학과는 불연속적인 것으로 드러난다. 그리고 이처럼 정치학과 유리된 그의 숭고의 미학은 비윤리적인 하나의 '도착적 숭고'를 불러일으킬 가능성이 존재한다. 스벤젠은 자연이 빚어내는 폭력과 장엄함이 숭고를 불러일으키는 미학적 체험의 원천이라면, "왜 한층 더 무서운 인간의 폭력이 미학적 체험의 원천이 되지 않는가"라고 반문함으로써, 보다 실제적이고 도착적인 미적 쾌감이 가능할 수 있음을 암시한다.[15] 그리고 이러한 의미에서 보들레르Charles Baudelaire와 앨런 포Edgar Allan Poe에게 영감을 준 드 퀸시Thomas de Quincey의 살인자의 미학은 윤리학, 정치학과 유리된 버크의 미학을 더 극단적으로 밀고 나간 것이라고 바라보고 있다.

《예술 분과로서의 살인》에서 살인 이상으로 숭고한 것은 없다고 주장하는 드 퀸시에게 미학은 윤리학을 넘어서는 것이었다. 드 퀸시가 제시한 매혹적인 동시에 공포스러운 범죄는 이후 범죄 소설의 효시가 되기도 했다. 문제는 "미학적인 반응을 일깨우지만 우리가 동시에 두려워하는 어떤 것에서 쾌락을 취하는 것은"[16] 종종 악한 것이라는 것이다. 그 악의 정점에 있는 것이 전쟁에서 일어나는 것을 포함한 '살인'이다. 실제로 드 퀸시는 잡지사에서 같이 일한 동료를 부추겨 결투에서 죽게 하는 등의 간접 살인을 불러일으켰고, 펜 끝을 놀려 아편전쟁을 옹호하는 등 윤리적으로 보면 악한 일을 때때로 저질렀다. 이처럼 그의 살인의 미학만큼이나 그의 실제적인 삶은 사회통념적인 윤리와 도덕과는 거리가 멀었다.

만일 아우슈비츠 가스실에서 죽어가는 유대인들의 공포에 찬 몸부림을 보고 '아름답다'고 느낀 독일 장교나 의사가 있다면 이러한 드 퀸시의 도착적 숭고의 맥을 이은 것이라고 할 수 있다. 같은 맥락에서 스벤젠이 인용하는 베트남전에 참전한 미국 군인이 전쟁의 포화 속에서 희생되는 베트공의 육체를 바라보면서 느꼈던 정서 역시 도착적인 숭고다.

> "그것은 내 휴머니티의 끝에 서 있는 또 다른 시간이었다. 나는 타인의 고통을 느끼게 하는 공감이라는 중요한 성질과는 분리되는 미학에 굴복했다. 그리고 나는 거기서 끔찍한 아름다움을 보았다. 전쟁은 단지 추함의 정신이 아니다…. 그것은 또한 거대하고 유혹적인 아름다움의 사건이다."[17]

비슷한 맥락에서 작곡가 슈톡하우젠Karlheinz Stockhausen이 월드 트레이드 센터에 대한 테러 공격이 이제까지 있었던 가장 위대한 예술작품이었다고 언급했을 때, 그는 버크에서 드 퀸시에 이르는 도착적 숭고의 맥을 잇고 있다고 할 수 있다.

이러한 종류의 도착적 숭고, 즉 비윤리적인 미학적 쾌감의 원천으로서의 숭고는 오늘날 한국의 신문지상에 오르내리는 갖가지 살인 사건과 폭력 사건에서 찾아볼 수 있을 것이다. 그것은 '무엇이든지 일어날 수 있는' 모방 예술의 장르에서 벌어지는 예술작품이 아니라 실제적인 사건이다. 피가 난무하는 폭력과 전쟁에서의 공포와 경악이 뒤섞인 살상과 성폭력 등이 영화 속에서 일어나는 것과 그것이 실제로 일어나는 경우의 차이는 우리가 절대로 하지 않을 일과 한 번 일어나면 꼭 보고 싶은 일의 차이일 것이다. 인육을 먹거나 사람의 가죽으로 옷을 재단하는 연쇄살인마를 다루는 공포영화의 경우, 우리는 영화를 보는 그 시간 동안 공포를 느끼지만 영화관을 나오는 순간 안도감을 느끼며, 영화를 소비한 그 순간을 오락거리로 취급할 것이다. 그러나 그러한 살인마가 실제 살인을 저지른 경우는 문제가 180도 달라진다.

2017년 인천에서 벌어진 초등학생 살인 사건의 경우, 그것이 실제 사건이기 때문에 사람들은 경악을 느끼고, 사이코패스로 추정되는 피의자인 17세 소녀를 지탄했다. 사람들은 보통 우발적인 살인보다는 장난삼아 이루어져서 별다른 죄책감을 동반하지 않는 계획적 살인에 더욱 공포를 느끼고 분개한다. 인육을 먹는 연쇄살인마가 나오는 미드에 심취하고, 고어적 성향의 캐릭터 커뮤니티에 빠져 지내던 이 소녀에게 아무런 법적 제재도 이루어지지 않는 영상과 SNS의 세계는 더 이상 '실제 현실'만큼의 관심과 재미가 없었을 것이다. 초등학생 여자아이를 유인하여 자기 집에서 살인하고 아파트 물탱크에 시신을 유기하고, 시신의 일부를 캐릭터 커뮤니티에서 만난 19세 소녀에게 건네는 등의 일련의 끔찍한 범죄를 저지르는 순간, 이 아이가 죄책감 대신 (확인할 수는 없지만) 만일 미학적 쾌감을 느꼈다면, 그것은 아마도 도착적 숭고였을 것이다. 오늘날 우리를 경악하게 만들지만 사회 곳곳에서 터져나오는 갖가지 광기 어린 살인들이 이러한 도착적 숭고와 연관지어질 수 있다고 생각한다.

이처럼 재미로 살해를 하는 경우, 피의자는 피해자와의 공감이나 피해자와의 동일시가 전혀 없고, 일정 거리를 둔다. 살인을 하는 과정이 두렵고 나를 압도할 수도 있겠지만, 피해자와의 거리둠을 통해 안도감과 쾌감을 느끼는 반윤리적인 도착적 숭고가 가능할 수 있다. 그러나 이 소녀가 느꼈을 수도 있었던 도착적 숭고의 끝은, 이 살인 사건 이후 아파트 주민들에게 덮쳐온 공포, 즉 어른, 아이, 남성, 여성을 떠나 그 아무도 믿을 수 없다는 엄청난 공포일 것이다. 이러한 공포는 피해 아동을 나 혹은 내 자녀와 동일시하는 것에서 오는 공포감이고, 피해자와 나 사이에 거리둠이 불가능하기에 느끼는 공포다. 이러한 사건들에서 평범한 '일반인'이 느끼는 공포의 정서는 너무나 강력해서 그러한 사건에서 안도감이나 쾌감을 느끼는 도착적 숭고는 불가능하다.

일베의 경우 그들에게 미학이 있다고 가정한다면, 그들만의 조롱과 혐오의 미학은 역시 도착적 숭고에 가깝다. 혹자는 일베의 미학을 인터넷이라는 익명적 공간에서 주목받고 싶어 위악을 떠는 "관심병" 미학[18]이라고 하지만, 한편으로 넷상에서 이들의 특징은 특정 "지역에 대한 비하, 여성에 대한 비하, 진보적 시민이나 정치인에 대한 비하"[19]와 조롱과 희화화로 점철된다. 이 속에서 어떤 숭고한 이념이나 위상을 훼손하거나, 어떤 윤리적인 저항을 모독하고 조롱하는 현상이 일어난다. 그 대표적인 것이 5·18에 대한 모독과 조롱이다. "군사정권의 학살에 희생된 시민들의 관을 '홍어 택배'라 부르는 엽기적이고 반인륜적인 사고방식"을 드러냄으로써[20], 그들은 우리가 숭고하다고 여기는 것에 대해 비윤리적이고 도착적인 방식으로 바라본다. 그들은 권력욕과 공격욕과 폭력 욕구를 충족시켜주는 '악한 강자' 즉, 사이코패스적인 한 개인이나, 더 나아가 국가 권력이 될 수 있는 그러한 강자를 추종하고 그에게 나를 이입하거나 일체화시키는 동시에, 피해자와 나를 분리하고 거리감을 둔다. 이 지점에서 일베의 사고방식은 도륙된 피해자의 모습에서 미적 쾌감을 느끼는 도착적 숭고와 맞닿아 있다. 비록 그들이 느끼는 쾌감이 미적인 것인지 아닌지는 의심스럽지만 말이다.

초등생 살인 사건의 경우 범죄 피의자의 젠더가 여성이고 우리 주변에서 만날 수 있는 평범해 보이는 소녀라는 점에서 사람들이 더 공포와 경악을 느꼈을 것이다. 그러나 일반적으로 여성혐오적인 발언과 반여성적인 조롱에서도 드러나듯이, 사실 예나 지금이나 살인사건의 피해자가 되는 젠더는 사회적으로나 신체적으로 더 취약한 여성이다. 현재 우리 사회의 곳곳에서 자행되는 것이 '페미사이드femicide', 한국어로 번역하자면 '여성살해'다. 여성살해는 "남자들에 의해 자행되는 여성들에 대한 혐오살인"[21]이라고 규정될 수 있다. 예전에 여성살해의 수가 적었던 것인지, 아니면 지금과 마찬가지로 자행되지만 은폐되어 있어서 그런 것인지 확인할 수 없지만, 현재 뉴스에 오르내리는 여성살해의 수는 점점 급속도로 증가하고 있다. 이별살인부터해서 금품을 노리는 살인에 이르기까지 피해자의 연령대도 10대에서 50~60대에 이르기까지 광범위하다. 문제는 이러한 살해 동기가 '조현병' 등의 정신질환이 원인인 것처럼 보도되고 덮어진다는 것이다. 실제로 2016년 봄에 일어난 '강남역 살인 사건'의 경우, 경찰은 그것이 여성혐오 범죄가 아니라 단지 조현병 환자에 의해 저질러진 범죄라고 일축해 버렸다. 그러나 지금 이 사회 전반에서 일어나고 있는 갖가지 범죄, 특히 여성살해는 소위 '정신병 환자'에 의해 자행되는 것이 아니라, 사회 전반에 스며든 광범위한 '광기'에 의한 것은 아닐까? 우리는 그 수많은 살인사건의 피의자들을 단순히 '정신병자' 혹은 '미친놈'이라고 일축해버리지만 그러기에는 뭔가 석연치 않은 것들이 많다. 윗집에서 일어나는 층간소음으로 식칼을 휘둘러 죽여버리고, 아파트 외벽에 글자를 페인트칠하는 사람이 음악을 틀어놓고 작업을 한다는 이유로 그가 매달려있는 생명선인 밧줄을 옥상에 올라가서 잘라버린다든지, 넘쳐나는 분노조절장애로 인한 범죄는 우리 사회가 집단적으로 병들어가고 있다는 것을 보여준다. 문제는 이것을 모두 실제적인 정신장애자들의 문제로 타깃을 돌려, 병으로 고통받는 정신장애자들에게 두 번의 상처를 준다는 것이다. 그리고 여전히 우리 사회는 그런 강력범죄를 저지르는 사람들을 단순히 '격리되어야 할' 정신병자들로 환원시켜 버린다.

여성살해의 경우도 많이 다르지 않다. 헤어진 전 여친을, 헤어진 전 부인을, 내연녀를 살해하는 남자들의 경우 정신장애자들이라고 보기는 힘들다. 이들의 내면 속에 자리 잡은 분노와 좌절, 소유욕과 광기를 어떻게 바라보아야 할 것인가?

다시 버크의 미학으로 돌아가 그에 내포된 반여성적 정서를 살펴보도록 하자. 버크에게서 미란 공감, 부드러움, 정념, 모방과 같은 '여성적인' 정서를 반영한다면, 숭고의 경우 공포, 고통, 위험에서 나오는 '남성적인' 자기보존의 정서를 반영하는 것이었다. 이토록 연약하고 허약하며, 부드럽고 의존적인 아름다운 젊은 여자는 남성으로부터 지배욕을 불러일으킨다.

> "경탄과 사랑 사이에는 커다란 차이가 있다. 전자의 원인인 숭고는 언제나 커다랗고 무시무시한 사물에 깃들이며 후자는 크기가 작으면서 우리를 즐겁게 해주는 사물을 대상으로 한다. 우리는 경탄해마지 않는 것에 복종하고 우리에게 복종하는 것은 사랑한다."[22]

이처럼 남성에게 복종하고, 남성에게 사랑받아야 할 연약하고 아름답다고 느껴지던 여성이 뒤돌아서서 '배신'했다고 느껴질 때, 그리고 그 연약하고 아름답다고 느껴졌던 여성의 실제 모습이 단호하고 분명해서 심지어 공포감을 유발할 수 있는 경우에, 남성은 그 여성을 사랑한다는 이유로 분노 속에서 여성을 살해한다. 또는 실제적인 살해까지는 아니더라도 그 여성에게 정신적이고 정서적인 치욕감을 주기 위해, 이전에 미리 찍어 놓았던 동영상을 인터넷이나 SNS 상에 유포한다. 이는 아랍권에서 행해지는 '명예살인'의 또 다른 버전이라고 볼 수 있는 것이다. 그렇게 살해된 여성은 작고 허약하고 아름다워서 영원히 자기에게 복종해야 하는 존재로 남는다. 그리고 이는 버크가 《탐구》에서 주창한 미와 숭고라는 완전히 다른 두 범주를 혼동하거나 뒤섞지 않으려는 노력과 맞닿아 있다. 그런데 젊고 야심찬 남성이었던 버크는 노년에 경험한 프랑스 대혁명을 통해, 미와 숭고라는 두 범주가 완전히 분리될 수 없고 서로 혼합되는 경지를 경험하게 된다.

18세기에 정설로 여겨졌던 남녀의 성차에 입각해 미와 숭고의 이론을 주창했던 버크는 33년 후 발간한 《프랑스 혁명에 관한 성찰》(1790)에서 기존의 미와 숭고의 이론이 뒤섞이는 경험이 바로 프랑스 대혁명이었음을 암시하고 있다. 프랑스 대혁명에 대한 비판적인 입장을 견지했던 보수주의자 버크에게 미의 화신이라고 여겨졌던 프랑스 왕비 마리 앙투아네트에게 일어난 일련의 사건들은 참을 수 없는 것이었다. 버크는 왕비 마리 앙투아네트가 1798년 10월 6일에 쟈코뱅 당원들에게 당한 수난을 접해 듣고 이에 분격하며, 다음과 같이 기술한다.

"혼탁, 경악, 낭패, 살육의 하루가 지난 1789년 10월 6일 아침에 프랑스 왕과 왕비는, 공적 신뢰에 기반한 안전의 서약 아래, 몇 시간 유예를 받고 우울하게 휴식을 취했다고 역사는 기록할 것이다. 왕비가 문 앞의 위병 목소리에 깜짝 놀라 먼저 잠에서 깨어났는데, 위병은 왕비에게 도주하여 목숨을 보존하라고 절규했다.—이것은 그가 바칠 수 있는 충성의 마지막 징표였다—사람들이 그에게 달려들었고, 그는 죽었다. 즉시 칼에 베어 쓰러진 것이다. 잔인한 악당과 암살자 무리가 피비린내를 풍기면서 왕비의 방으로 몰려 들어가 총검으로 침대를 쑤셔댔는데, 이 쫓기는 여인은 그 직전에 간신히 거의 벗은 몸으로 살인자들이 알지 못하는 통로를 통해 국왕이자 남편의 발밑으로 의지할 것을 찾아 도망쳐 나왔지만, 국왕 자신도 일순간도 안전하지 못했다. (…) 내가 당시 태자비였던 프랑스 왕비를 베르사유 궁에서 배알한 지 이제 16, 17년이 지났다. 확실히 이 지구—그녀는 지구와는 접촉점이 없는 듯 보였으나—에 이보다 더 기쁜 모습이 비친 적이 없었다. 나는 그녀가 막 진입하기 시작한 격상된 지위에 활기를 불어넣고 장식을 더하며 바야흐로 떠오르려는 것을 보았다.—샛별처럼 빛나는 광채, 기쁨으로 충만해 있었다. 오! 혁명이라니!"[23]

프리만에 따르면 버크는 미의 화신인 아름답고 우아한 왕비가 당한 성적 모독과 폭력은 "정치적 오염의 대리"이고, 여왕의 벗은 상태는 "사회적 질서 그 자체의 파괴의 은유"다.[24] 여성적 특징이라고 불리우던 미와 여성적 미덕은 땅바닥으로 추락했고, 이제 대혁명기에 나타난 여성 군중들은 너무 아름답고 남성에게 복종적이어서 사랑해줄 수밖에 없는 기존의 여성과는 질적으로 다른 여성들이었다. 《외모꾸미기 미학과 페미니즘》에서 김주현은 "여성적 미를 부정하며 군주제를 붕괴시키고 프랑스 왕비의 죽음을 선동하는 여성들의 추한 행위는 버크에게 공포를 불러일으켰다"고 기술하고 있다.[25] 기존의 성차를 반영하는 미적 관념으로는 도저히 포섭될 수 없는 공포스럽고 추하며, 불쾌감을 불러일으키는 괴물 여성들이 프랑스 대혁명기에 등장한 것이다.

대혁명기의 사회적 가치의 전도와 미적 관념의 추락 그리고 젠더의 혼합 속에서 나타난 이들 혁명가 여성, 혹은 혁명을 추종하는 수치를 모르는 후안무치하고 공포스럽고 "극도로 불쾌한 여성들"을 바라보며 버크는 일종의 숭고를 느꼈을까? 버크에게 숭고는 남성적인 것이며, 여성에게 느낄 수 있는 것이 아니었을 뿐만 아니라, 이들 여성이 불러일으키는 공포와 불쾌감은 치가 떨릴 정도여서, 고통과 공포가 지나간 후의 안도감 혹은 환희를 불러일으킬 수 없는 것이었다. 그래서 버크 자신은 실제로 이들에게서 숭고를 느꼈음을 인정하지 않았다. 여성에게 숭고를 느끼는 것은 그에게는 불가능했던 것이다. 그럼에도 불구하고 초기 버크에게서 나타난 미와 숭고의 분리, 그리고 미학 이론과 정치학, 윤리학과의 분리는, 프랑스 대혁명기의 공포와 불쾌를 유발하는 여성들로 인해 후기의 정치적 저작《성찰》에 이르러 서로 뒤섞이고 비일관적으로 드러난다. 그럼에도 불구하고 그의 이론에 변함없이 일관적인 것은 반여성적 정서를 드러낸다는 점이다.

그런데 혁명가 여성에 대한 비난과 혐오감, 그리고 공포감은 비단 버크의 문제만은 아니었고, 같은 남성 혁명가들에게도 마찬가지로 남아 있는 것이었다. 계몽주의 시대의 지식인들은 모든 인간을 이성을 지닌 자유롭고 평등한 존재로 규정했지만, '인간'이란 개념에는 '남성'만이 포함된 것이었다. 그들은 여성들의 불평등이나 권리에 대해서 관심이 없었다. 콩도르세Marquis de Condorcet 정도가 여성도 남성과 동등한 시민으로서 보통 선거권을 가질 수 있어야 하며, 무상 공교육을 실시해야 한다고 주장했을 뿐이다.

근대 최초의 페미니스트라고 불리울 만한 드 구주Olympe de Gouges는 1791년 9월 14일 발간된 《여성의 인권과 시민권 선언》에서 "여성은 단두대에 설 권리가 있는 만큼, 마찬가지로 연단에 설 권리도 가져야 한다고 주장했다. 평생에 걸쳐 여성차별 반대, 혼외 자녀와 미혼모에게 법적 권리를 부여하는 모성 보호, 남녀 동권주의, 흑인 노예법 철폐 등을 부르짖었던 드 구주는 선언문에서 여성도 역시 이성을 가진 존재로서의 인간임을 선포하고, 남성/여성, 이성/자연, 공적/사적 영역이라는 계몽주의 시대, 부르주아 시민계급의 남성들이 지닌 이분법을 넘어서 여성에게 공적 영역에서 활동할 수 있는 자유를 부여할 것을 주장했다. 그러나 마리 앙투아네트에 이어 드 구주는 단두대에서 처형된 두 번째 여성이 되었고, 그녀가 주장했던 것처럼 여성이 연단에 오르기까지는 150년을 더 기다려야 했다. 혁명가들에게조차 외면당하고 조롱당했던 드 구주에 대한 평가는 19세기에도 변함이 없었다. "영웅적이고 미친, 개혁과대 망상증을 앓는 환자, 거의 매일 그랬지만, 기분 좋지 않은 날엔 미쳐버리고, 기분 좋은 날엔 남의 흥을 깨는 여자", "정신 불안정한 여자, 화류계 여자, 정신 나간 주정뱅이, 부도덕한 괴물"[26] 등이 그녀에게 내려진 평가들이었다. 즉 드 구주는 아름다운 여성이 아니라 남성적인 성향을 지닌 추한 괴물 같은 여성, 얼굴과 상반신은 추녀이고, 날개, 꼬리, 발톱은 새이며 죽은 사람의 영혼을 나르는 괴물인 하르피아 취급을 받았다. 그리고 이 괴물 같은 여성들은 버크를 위시한 남성들에게 안도감이라는 쾌로, 전이되지 않는 기이한 '공포'를 불러일으키는 존재로 자리매김했다.

1790년 《여권의 옹호》를 쓴 울스턴크래프트Mary Wollstone-craft 역시 오만과 부도덕의 상징으로 여겨지며 "치마 입은 하이에나"로 불리우기도 했다. 시대를 앞서갔으나, 시대의 남성들에게 여자 '괴물' 취급을 받던 울스턴크래프트의 딸 메리 셸리가 이러한 맥락에서 젠더가 불분명해 보이는 괴물 이야기인 《프랑켄슈타인》을 첫 소설로 쓴 것은 우연이 아니지 않을까 짐작해본다.

3장 공포와 혐오를 넘어서기: 여성적 숭고

드 구주와 함께 근대 페미니즘의 선구자라고 할 수 있는 울스턴크래프트는 버크의 《프랑스 혁명에 대한 성찰》 대한 통렬한 비판서인 《인권의 옹호》(1790)를 펴냈다. 그리고 후속작으로 여성도 남성과 동등하게 이성의 담지자가 되어야 한다는 주장을 펼친 《여권의 옹호》를 1792년 출간한다.

18세기 말 산업 혁명의 영향으로 남성과 여성 간의 노동 영역 구분이 확실해지면서 남성/여성, 공적/사적 영역, 이성/감성의 구분이 공고화되고 부르주아 계급의 남성들은 여성성에 대한 새로운 이상을 만들었다. 이 이상에서는 약하고 순종적이며 감상적인 여성, 가사 노동과 자녀 양육, 성적 쾌락을 제공하는 대신 '부양자이자 보호자'인 남성에게 의지하는 여성, 이성이 아니라 감성의 세계를 대표하는 여성이 등장한다. 울스턴크래프트는 나약하고 허약하며 의존적인 그 당시의 여성상과 여성 본성의 타락에 대해 통렬하게 비판한다. 특히 그녀의 비판은 특히 "가정 안의 번식하는 동물"에 불과했던 중상류층 여성들의 타락에 집중한다.

> "여성이 순수한 마음을 지키려고 애쓰는 건 좋은 일이다. 하지만 이성이 미숙한 상태에서 감각에만 의존해 소일거리와 즐거움을 찾고, 눈앞의 사소한 허영을 넘어서거나 바람에 이리저리 흔들리는 갈대 같은 마음을 흥분시키는 격렬한 감정들을 억누르게 해줄 드높은 목표를 추구할 기회가 없는 이들이 과연 그럴 수 있을까?
>
> (…) 무지함을 듣기 좋게 표현한 소위 순수함을 보전하기 위해 여성은 지적 능력이 성숙하기도 전에 진실 대신 가식을 배우게 된다. 아주 어릴 때부터 아름다움이 여성의 최고 가치라고 배우기 때문에 그들의 정신은 육체에 자신을 맞추게 되고, 금빛 새장에 갇힌 채 그 안을 치장하는 데 정성을 쏟게 되는 것이다."[27]

울스턴크래프트가 보기에, 이러한 여성 타락의 원인은 이성을 억누르고 감성만을 키워, 남성들에게 종속시키기 위한 성차에 따른 불평등한 교육과 사회 체계에 있었다. 그 때문에 그녀는 여성 역시 이성의 담지자로서 자기 자신과 시민으로서의 의무를 수행하고 독립적인 인간이 될 것을 주창한다. 아름답게 치장하고 남성에게 교태를 부리며, 미소와 기교를 통해 남자에게 쉼을 주는 존재, "남자의 장난감이나 딸랑이로, 남자가 쉬고 싶을 때면 시도 때도 없이 언제든 그의 귀를 즐겁게"[28] 해주는 존재로서 여성이 태어난 것은 아니기 때문이다. 이렇듯 울스턴크래프트는 그 당시에 퍼진 여성에 대한 인위적인 미적 관념과 여성의 미덕에 대해 정면으로 도전한다. 이러한 거부를 통해 울스턴크래프트는 여성이 인간으로서 지녀야 할 진정한 미덕은 '자유'라고 주장한다. 그리고 남성들에게 존경받는 대신에 사랑받고자 남성들의 미적 관념의 틀에 맞추어 인위적이고 부자연스러운 여성의 미를 추구하는 대신, 한 인간으로서 존중받기 위해 자유를 추구하는 여성은 자연스럽게 진정한 숭고의 주체가 될 수 있을 것이다. 숭고의 효과 중에서 가장 강한 것이 경악이고, 그보다 약한 효과가 경탄과 숭배, 존경이라면, 인간의 자유를 추구하며 사람들에게 '존경'받는 여성은 그 자체로 숭고의 대상이 될 수 있다는 것이다.[29]

울스턴크래프트에게서 프리만이 창안한 '여성적 숭고 Feminine Sublime'의 관념이 싹텄다면, 그것은 울스턴크래프트 자신이 남성중심적 가부장제가 배제해왔던 '여성'이라는 타자가 숭고의 주체가 될 수 있음을 암시한 데 있을 것이다. 프리만은 남성만이 숭고의 주체가 될 수 있었던 전통적인 숭고 개념에 맞서 18세기부터 현재에 이르는 몇몇 여성 작가들에게 나타나는 '여성적 숭고'라는 개념을 만들어낸다.

프리만은 롱기누스[30]부터 오늘날에 이르는 숭고를 남성적 지배 양식으로 바라본다.

> "롱기누스부터 오늘에 이르기까지 작가들은 숭고를 다소 명백한 지배 형식으로 바라본다. 대다수의 많은 이론가들은 숭고를 대립되는 힘 사이에서 지배를 위한 투쟁, 그리고 넘쳐 흐르고 그것을 약화시키는 것이 무엇이건 간에, 그것을 전유하고 포함하려는 자아의 시도로서 개념화한다."[31]

프리만이 볼 때, 롱기누스의 수사학에서부터 현대에 이르가까지 숭고를 논한 이론가들은, 고정적이지 않고 넘쳐흐르고 과잉적이어서 표상불가능한 타자를 지배하고 통제하고 전유하려는 이성적 자아, 혹은 남성적 자아의 노력을 극대화한 사람들이다. 이러한 경향은 특히 숭고를 자아를 고양시키거나 위협하는 대상을 전유하려는 전략을 드러내는 낭만주의 시대에 성행했으며, 그러한 미학의 정점에 있는 사람이 바로 칸트다.

칸트는 《판단력 비판》의 〈숭고의 분석론〉에서 수학적 숭고와 역학적 숭고를 구분한다. 수학적 숭고는 인지적인 것과 관련되는데, 이것은 '단적으로 큰 것'에서 느끼는 놀라움과 공포라는 불쾌감에서 시작되는 것이다. 예를 들어 우리가 망원경을 통해 광활한 우주의 모습을 관측한다고 가정해보자. 침묵 속에서 고요히 펼쳐지는 광활한 우주 공간은 경외감을 느끼게도 하지만 다른 한편 공포와 전율이라는 불쾌한 정서를 불러일으킬 수 있다. 그러나 이처럼 내 앞에 펼쳐진 우주 공간이 '무한하다'라는 느낌은 칸트에 따르면 감성적 판단이다. 주관적이며 감성적으로 이 우주는 너무나 큰 것이지만, 수학적, 논리적 판단으로는 '가장 큰 것', 즉 완결된 전체는 아니다. 망원경으로 관측 가능한 공간 너머로 그 크기를 감성적으로 판단할 수 없는 우주 공간이 또 펼쳐져 있기 때문이다. 이러한 의미에서 절대적 크기란 오직 감성적 크기 평가에서만 성립하고, 논리적, 수학적 크기 평가에서는 무한한 크기란 성립할 수 없다. 그리고 이 감성적인 측면에서 이 크기와 맞닥뜨리고 평가하려 하는 경우, 공포나 놀라움 등의 불쾌감을 느끼게 된다. 이처럼 주관적이고 감성적인 차원에서 느끼는 무한대 크기는 상상력의 현시 능력을 초월한다. 이러한 크기를 표상할 수 없는 상상력의 무능력 위에 상급 능력으로서의 이성이 작동한다.

절대적으로 큰 것, 단적으로 큰 것을 이성은 '절대적 전체성'이라는 개념으로 포섭한다. 그리고 이러한 전체성의 이념, 즉 "감관의 모든 척도를 뛰어넘는 마음의 능력"은 단적으로 큰 대상을 마주칠 때의 불쾌감을 쾌감으로 전환시키고 이때 인식자는 그 거대한 대상에 대해 숭고하다고 판단한다.

칸트의 숭고론이 갖는 남성적이고 이성적 자아의 대상의 통제와 전유의 성격은 위력으로 관찰되는 자연과 관련된 역학적 숭고에서 더욱 두드러지게 나타난다. "위력이란 커다란 장애들을 압도하는 능력이다. 위력이 그 자신 위력을 소유한 어떤 것의 저항 또한 압도하면, 바로 그 위력은 강제력이라고 일컬어진다. 미감적 판단에서 우리에 대해서 아무런 강제력도 가지지 않은 위력으로 고찰되는 자연은 역학적으로 숭고하다."[32] 위력적인 자연은 우리의 저항하는 능력을 그것과 비교할 때 보잘것 없이 작은 것으로 만든다. 그러한 자연은 "기발하게 높이 솟아 마치 위협하는 것 같은 암석, 번개와 천둥소리와 함께 몰려오는 하늘 높이 솟아오른 먹구름, 온통 파괴력을 보이는 화산, 폐허를 남기고 가는 태풍, 파도가 치솟은 끝없는 대양, 힘차게 흘러내리는 높은 폭포와 같은 것들"[33]이다.

그런데 역학적 숭고에는 두 가지 조건이 있다. 역학적 숭고의 첫 번째 조건은 공포다. 나를 압도하는 자연 앞에서 공포만을 느낀다면 숭고는 성립할 수 없다. 따라서 번개나 폭풍, 지진과 같은 자연 현상에 공포감을 느끼고 그것을 초자연적인 것으로 여겨 머리를 조아리고 복종하는 미개인에게서 숭고는 발견될 수 없다. 또한 이성 능력이 부족하다고 느껴지는 여성과 어린아이에게서 숭고란 불가능하다. 반대로 위력적인 자연 앞에서 공포를 느끼지 않는 신적인 존재가 있다면 그는 숭고를 판단할 수 없다. 그러므로 오직 이성 능력과 이념을 자기 자신 안에 지닌 인간, 정확하게 말하면 교양 있는 백인 성인 남성만이 숭고를 판단할 수 있다.

숭고의 두 번째 조건은 숭고의 주체가 안전한 곳에 있어야 한다는 것이다. 우리가 안전한 곳에 있기만 한다면 위력적인 자연이 두려우면 두려울수록 우리의 마음을 끈다는 것이다. 우리가 거대한 폭포수 아래서 떨어지는 물을 온몸으로 받아 자기보존이 힘들고 위험하다고 느낄 경우 숭고를 경험할 수는 없을 것이다. 반대로 폭포 반대편에서 철조망으로 보호된 안전 구역에서 그것을 구경한다면, 칸트식으로 말하자면 영혼의 고양을 느끼고, 자연의 힘에 도전하는 용기를 주는 저항 능력이 생길 수 있다. 이와 같이 역학적 숭고는 자연에 의해 주체가 단순히 압도당하는 것이 아니라 주체의 자기보존 능력을 적절하게 상승시키는 것이다. 다시 말해서 역학적 숭고란 강력한 위력을 지닌 자연 대상이나 현상에 비하면, 자신의 저항력이 무력하다는 정서, 즉 공포라는 불쾌감에서 "그러한 자연의 강력한 위력마저 극복하고 있는 또 다른 자신, 즉 이성적, 정신적 존재자로서의 자신을 발견하고, 그런 자신이 오히려 고양됨을 느끼는 감정(쾌감=안도감)으로 전환됨으로써 성립된다."[34] 즉 숭고란 이성적 존재로서의 인간을 전제로 하며, 이 이성적 인간은 우리 안에 윤리적 이념을 선험적으로 보유하고 있는 자다. 문화에 의해 준비되고 발전된 이성적 인간의 이러한 윤리적 이념이 없다면, 문화인이 숭고하다고 부르는 것도 미개인이나 여성, 어린아이에게는 단순한 공포일 뿐이다.

"그러나 자연의 숭고한 것에 관한 판단이 (미적인 판단보다도 더) 문화를 필요로 한다고 해서 이 판단이 바로 문화로부터 처음으로 산출되거나 가령 한낱 인습적으로 사회에 도입되는 것은 아니다. 오히려 이 판단은 인간의 자연 본성에 그 토대를 두며, 그것도 사람들이 건전한 지성(상식)을 가지고서 동시에 누구에게나 강요할 수 있고 요구할 수 있는 것이어서, 곧 (실천적) 이념들에 대한 감정의 소질에서, 다시 말해 도덕적 감정의 소질에서 갖는다."[35]

이 지점에서 칸트의 숭고론은 버크의 숭고론과 구별된다. 앞서 언급했듯이, 버크의 미학은 정치학, 윤리학과 분리되기 때문에 윤리학, 정치학에 복속되는 학문이 아니다. 이와는 달리 칸트에게서 미학은 윤리학에 종속된다. 버크와는 달리, 칸트에게서 숭고는 비도덕적이고 비사회적인 쾌와 관련되지 않으며, 인지적이고 신체적으로 압도하는 대상 앞에서 감성적 자기보존력이 무력화되는 시점에 작동하는 이성적인 자기보존력이 중요하게 된다. 예를 들어 영화 〈내츄럴 본 킬러〉(1994)와 같은 살인마들이 이유없이 사람들에게 총을 난사해 죽이면서 느끼는 비사회적이고 비윤리적인 쾌감은 버크식으로 말하자면 일종의 도착적인 숭고를 불러일으킬 수도 있지만, 윤리적 이념을 강조하는 칸트에게 그것은 숭고로 판명될 수 없는 것이다. 다시 말해 칸트의 숭고는 이성적이고 윤리적인 백인 성인 남성이 일종의 '과잉excess'으로 작용하는 대상과 타자 혹은 자연과 거리를 두며 통제하고 지배하는 것이며, 그 대상의 개체성을 인정하지 않는 것이다.

이 지점에서 프리만이 제시하는 칸트와 전적으로 차별화되는 '여성적 숭고'는 다음과 같이 요약될 수 있다.

첫째, '여성적 숭고'는 여성이 숭고의 주체가 될 수 있지만, 칸트와는 달리 개념화될 수 없거나 표상불가능한 과잉적인 타자를 지배하고 통제하고 표상하려고 하는 대신, 그 타자와 조우하고 그 타자성과의 관계에 들어서는 것이다. "여성적 숭고는 수사학적 양식도 아니고 미학적 범주도 아닌, 범주화에 저항하는 경험의 영역이며, 그 경험 안에서 주체는 사회적, 미학적, 윤리적, 관능적인 타자성, 즉 넘쳐흐르고 표상불가능한 타자성과의 관계로 들어간다."[36] 일례로 프리만은 도로시 워즈워드Dorothy Wordsworth가 고딕 성당 안에서 느꼈던 숭고를 다음과 같이 기술한다. "무한하게 반복적인 것은 내가 존재한다는 것이다.[37]

프리만에 따르면 워즈워드가 느꼈던 여성적 숭고는 자아의 표상불가능하고 예측불가능한 타자를 통제하는 이성적 자아의 능력에 기대는 것이 아니라, 주체가 스스로를 타자화시키고 주체와 타자가 결합하면서 주체와 타자의 경계를 넘어서는 것이다. "여기서 사람들은 숭고를 그 안에서 자아가 타자를 소유하지도 않고, 타자를 합병하지도 않고, 대신 타자와의 관계를 입증하는 것이다."[38] 이와 같이 여성적 숭고의 주체는 타자를 '이성'이라는 이름의 폭력으로 길들이지 않는 대신 타자와 윤리적인 방식으로 상호침투하는 것이다.

이러한 여성적 숭고의 방식은 이리가레Luce Irigaray의 '여성적 형태학'에서 그 단초를 찾을 수 있다. 이리가레에 따르면 상징질서 내에서 승인받는 남성적 형태학의 특징, 즉 하나임(일의적), 고체, 시각적으로 드러나는 명증성과는 달리, 여성적 형태학은 복수성, 액체, 촉각적인 것과 관련된다.[39] 여성의 성기와 섹슈얼리티는 분산의 형태로 있는 복수적인 것이며, 유동적으로 흐르며, 시각으로 점유되거나 소유되기 힘들며, 명확하게 표상불가능한 촉각적인 것이다. 2부에서 살펴봤듯이, 유동적으로 흐르며 예측불가능하고 표상불가능하며 '부정한' 여성의 신체와의 접촉은, 서양의 전통 철학과 종교에서 두려움과 혐오를 불러일으키는 것이어서, 정결의식을 필요로 한다. 여성적 숭고는 이러한 여성적 타자, 때로는 더럽고 추하고 공포스러우며 불결하지만 유동적이어서 흐르며 경계를 넘어서는 타자를 내 안으로 받아들이는 것이다. 주체와 공포스럽고 혐오스러운 타자와의 결합은 가부장제의 경계를 넘어서고 교란하는 행위가 될 수 있다.[40]

둘째, 여성적 숭고란 도착적인 것이 아니라 저항적인 성격을 띤다. 그것은 타자에 대한 통제를 해체하고 자아 안에 타자를 들여옴으로써, 여성에 대한 통제와 억압이라는 가부장제에 대한 저항을 만들어낸다.[41] 이 지점에서 여성적 숭고와 이리가레, 식수Helene Cixous, 크리스테바와 같은 프랑스 페미니스트들이 제기한 여성적 글쓰기Ecriture feminine와 일맥상통한다.

식수는 《메두사의 웃음》에서 17세기 이후 보편적인 철학담론에서 추방된 웃음의 전복적 의미에 대해 이야기한다. 클레망Catherine Clment에 따르면, 웃음은 전통적으로 여성, 특히 마녀들과 관련이 된다.[42] 바그너의 〈파르시팔〉에 나오는 마녀 쿤드리가 예수가 십자가를 메고 골고다 언덕을 올라갈 때 웃었다는 이유로 저주를 받는다든지, 《맥베스》에 나오는 세 마녀가 원형으로 춤을 추며 조롱과 웃음 섞인 예언을 하는 경우를 생각해보면 될 것이다. 이들의 웃음은 진지한 것, 신성한 것, 금지하는 것에서 벗어나 공포로부터 인간을 해방시켜주는 기능을 갖고 있다. 에코의 《장미의 이름》은 이러한 웃음의 의미에 대한 성찰을 던져준다. 이 소설은 수도원의 장서관에 아리스토텔레스의 《시학》의 두 번째 권, 즉 희극에 대한 책이 숨겨져 있다는 가정에서 출발한다. 그리고 이 책을 읽은 수도사들은 모두 죽는다. 희극편을 읽으며 웃음 짓는 수도사들을 죽이기 위해 한 노수도사가 책갈

피에 독을 발라 놓아 이 책을 읽은 수도사들이 다 죽은 것이다. 다시 말해 이들은 '불경스런' 웃음의 값을 죽음으로 치러야만 했다. 이와 같이 웃음은 금기에 대한 도전이 되는데, 특히 여성들의 웃음은 로고스중심주의, 남근중심주의적 가부장제를 전복하는 하나의 실천이 된다. 그래서 식수는 원래는 아름다웠으나 신의 저주를 받아 흉측한 괴물이 되어버린 메두사가 만일 웃고 있다면, 공포에 떨지 말고 그 웃음을 마주볼 것을 촉구한다. 왜냐하면 메두사야말로 공포와 혐오를 주는 여성 괴물, 가부장적 질서가 추방해낸 비체적 존재이기 때문이다.

식수는 글쓰기가 여성에게 웃음과 같은 전복적인 저항의 역할을 할 수 있다고 주장한다. 글쓰기는 여성이 공공장소에서 말하기 어려움을 극복할 수 있는 하나의 위반적이

고 전복적인 시도다. 또한 여성적 글쓰기는 로고스(이성)중심주의, 즉 신의 음성에 의거하는 말중심주의 바깥에서, 신의 음성을 듣는 신의 대리자인 남성들의 가부장적 전통에 균열을 내고 훼손하는 것이다. 로고스중심주의, 말중심주의 외부에 존재한 타자로서의 여성들이 행하는 글쓰기는 타자를 배제하거나 자기 안에 복속시키는 것이 아니라 타자의 존재 가능성을 열어두고, 나와 타자의 차이를 인정하고 용인하는 것을 포함한다.

"여성 안에는 항상 타자를 생산하는 힘, 특히 다른 여자를 생산하는 힘이 유지된다. 모태적인 여자, 요람을 흔들어주는 여자—베푸는 여자 안에는 그런 힘이 있다. 여자는 자기 자신이 어머니이며 아이이고 딸이며 자매이다. 내 육체는 텍스트다."[43]

식수에 의하면 여성들은 남성에 비해 타자의 존재를 더 인정하고 품는 면이 있어서 양성적인 존재이며, 여성적인 것은 자기 자신 속에 있는 타자를 살려두는 것이다. 모든 여성은 아니지만 임신 경험이 있는 여성이라면, 완전히 분리된 타자는 아니지만 이질적인 무엇인가가 내 몸 안에서 자라고 있는 경험을 통해서 타자에게 더 열려 있다고 말할 수 있을 것이다. 여성적 글쓰기는 내 안에 여성/남성이라는 성별에 상관없이 타자들을 끌어안는 행위이기 때문에 양성적 글쓰기이기도 하다. 이러한 의미에서 식수는 자신 안에 있는 여성성을 인정하여 양성성을 드러낸 주네Jean Genet, 클라이스트Heinrich von Kleist, 셰익스피어 등의 남성 작가의 글쓰기를 여성적 글쓰기에 포함시킨다. 그러나 프리만은 이 지점에서 '여성적 숭고'가 드러나는 글쓰기는 남성 작가들을 포함시키는 여성적 글쓰기와는 다르다고 주장한다. 프리만은 그의 저서, 《여성 소설에 나타난 여성적 숭고와 넘침The feminine sublime gender and excess in women's fiction》에서 자신은 여성들이 쓴 소설만을 고찰하는데, 이는 "그 유일무이함과 여성의 억압을 다루는 공통성이 그들의 숭고의 마디를 반영하기 때문이다."[44]

셋째, 여성적 숭고는 가부장제에 대한 저항의 전략으로 여성들 스스로가 공포와 혐오를 불러일으키는 전략, 즉 극단적으로 타자화시키고 스스로를 비체화시키는 전략을 쓴다. 이미 가부장제 사회에서 타자였던 여성들은 자신을 스스로 주체도 아니고 객체도 아닌 무규정적인 비체, 비천한 존재가 되면서 전통적인 이성중심적 가부장 사회의 미적 개념을 조롱하고, 기존의 여성성을 전복한다. 그리고 자기 자신이 과잉적으로 넘쳐나고 표상불가능한 비체가 되어, 그것이 불러일으키는 공포와 혐오를 전략적으로 사용해, 가부장제에 도전하는 전복적 저항을 만들어내는 것이다. 그리하여 여성적 숭고는 여성적 글쓰기와 마찬가지로 크리스테바의 비체를 활용한 글쓰기나 예술적 실천을 행한다. 특히 여성적 숭고는 침, 똥, 오줌, 토사물, 월경 등 우리 몸 안에 있을 때는 더럽거나 혐오스럽지 않지만, 우리 밖에 나오는 배설물이 될 때 혐오를 유발하는 역겨운 비체를 활용해 가부장제적 미적 규범을 깨트린다. 여성의 신체를 비체화시키는 전략은 독일 태생의 미국 페미니즘 미술가인 스미스Kiki Smith와 미국의 사진 예술가인 셔먼Cindy Sherman의 작품에 잘 드러난다. 이들은 아브젝트를 통해 가부장제 체제에서 용인되기 힘든 '괴물 같은' 여성을 표현하며, 기존의 미적 규범에 적합한 여성성을 거부한다.[45]

한국에서 나타난 비체화 전략의 일례로 2017년 여의도 한강 공원에서 있었던 '슬럿 라이드 시위'를 들 수 있는데, 이에 참여한 여성들이 스스로를 비체화시켜 가부장제의 규범에 저항하는 하나의 방식을 보여줬다. 단정하지 못한 여성의 옷차림이 성폭력을 유발한다는 가부장적 통념에 반대하며 모인 이들은 소위 말하는 '단정치 못한 옷차림'을 하고

"잡년 만세", "내 몸은 포르노가 아니다", "잡년은 어디에나 있고 어디에도 없다" 등의 낙서를 몸에다 그리고 자전거를 탔다. 이는 여성들이 스스로 자신을 '잡년', 즉 남성의 성적 대상이 되는 야한 여자, 불결한 여자인 비체로 자신들을 적극적으로 규정하고 드러내 보임으로써, '잡년'이라는 의미를 재전유하며, 가부장적 미적 규범과 사회 규범을 넘어서는 전략을 실행한 것이라고 할 수 있다.[46]

여성적 숭고는 또한 "육체적인 것의 지독함"을 의도적으로 보여줌으로써 여성성이 갖는 두 가지 함의를 드러낸다. 그것은 여성의 몸은 젊고 건강할 때는 아름다움의 표상이 되지만, 그 안에 탄생과 죽음이 관통한다는 것을 보여줌으로써 혐오와 매력이 동전의 양면처럼 맞닿아 있음을 드러내는 것이다. 이러한 측면에서 여성적 숭고는 "고전주의의 아름다운 몸이 아니라 더러워지는 몸, 병과 상처의 제물이 되는 몸, 그래서 노쇠하고 죽고 썩어가는" 여성의 몸도 숭고를 느끼게 하는 대상이 될 수 있다는 것을 보여준다.[47]

이와 같은 특징을 갖는 여성적 숭고를 드러내는 작품을 구체적으로 살펴보면서, 4장에서는 여성적 숭고가 어떻게 타자화된 소수자들을 위한 미학으로 미끄러들어가는지를 고찰할 것이다.

4장 소수자를 위한 미학

울스턴크래프트는 임레이와의 사랑에 실패한 후, 당대의 진보적 철학자 고드윈과 결혼한다. 이후 메리 셸리라는 딸을 낳았으나 열흘 만에 숨진다. 울스턴크래프트의 딸 셸리가 성장해나가면서 유명한 문필가 부모를 두었기 때문에 자신도 언젠가 훌륭한 소설을 쓰리라는 야심을 품었던 것은 당연한 일일 수 있었다. 스위스 제네바의 디오다티 별장에서 공포스럽고 괴기스러운 이야기를 만들어내고 쓰는 남성 작가들의 상상력과 문학적 출산력을 바라보며 왜 자신은 저런 이야기를 만들어내지 못하는가 전전긍긍하며 괴로워하던 셸리는, 여성은 가능하지만 남성은 불가능한 단 한 가지, 즉 생물학적 출산을 여성에게서 강탈해간 남성 창조자의 이야기를 만들어낸다. 그것이 바로 《프랑켄슈타인》이다. 이 작품은 포스트휴먼의 효시가 되는 문학이기도 하고, 소수자 문학이기도 하다. 무엇보다 '여성적 숭고'를 극명하게 나타내는 작품이기도 하다.

프리만은 셸리의 《프랑켄슈타인》의 괴물성의 표상이 칸트의 숭고에 대한 패러디로 읽힐 수 있다고 본다.[48] 칸트는 수학적 숭고를 논하면서, '거대한 것'과 '괴대한 것'(굉장하거나 공포스러운 것)을 구분하고, 숭고는 괴대한 것에서 판단할 수 없는 것이라고 주장한다. "그 개념이 이미 일정한 목적을 수반하고 있는 자연산물들(예컨대, 알려진 자연 규정을 가진 동물들)에서 숭고한 것을 지적해서는 안 되고, 오히려 한낱 크기를 내용으로 가진 한에서, 천연적인 자연에서 (…) 숭고한 것을 지적해야 한다. 왜냐하면 이런 종류의 표상에서 자연은 아무것도 괴대한 것을 함유하고 있지 않기 때문이다."[49] 다시 말해 숭고란 한없이 광대하고 큰 천연적인 자연의 산물, 즉 합목적적으로 큰 것에서 느끼는 것이지, "그것의 크기로 인해 그 대상의 개념을 이루고 있는 목적을 파괴하는"[50] "괴대한 것"에서 얻어지는 것이 아니다. 즉, 거대한 동물이나 괴물, 혹은 (만일 존재한다면) 인간과 동물의 거대한 중간적 존재들은 '괴대'한 것이다. 따라서 SF영화에서나 나올 법한 거대한 괴물들은 짐승 같고 수치심을 모르는 괴물 같은 여성들과 마찬가지로 추하고 '괴대한 것'이며, 넘쳐 흐르고 과잉적이며 괴이한 이 타자들은 이성의 능력을 통해 쾌로 전환될 수 없는 불쾌한 것들이다.

빅터는 8피트에 달하는 큰 키를 지닌 아름다운 존재를 창조하고자 했고, 그 크기는 빅터의 야심이 그만큼 크다는 것을 반영했다. 여기서 사물의 토대이자 궁극적 원인, 즉 생명의 원리와 자연의 비밀을 밝히고자 하는 빅터의 열망은 칸트와 마찬가지로 진리를 추구하는 이론가의 욕망과 숭고를 향한 희망으로 연결된다. 그러나 실제로 그것은 괴대함을 낳고, 그의 학문에 대한 열정은 과잉적인 광신으로 미끄러져 들어간다. 각각의 신체에서 가장 좋은 것만 취해 크고 아름다운 피조물을 만들고 싶었던 빅터의 열망과는 달리, 그의 피조물은 축축하게 젖은 눈과 흉측한 몰골 그리고 우스꽝스러울 만큼 큰 키를 지닌 괴물의 모습으로 탄생하게 된다. 즉 그것은 숭고를 불러일으키는 '거대한 것'이 아니라, '괴대한 것'이 되고 만다.

프리만은 이 지점에서 괴물이 칸트가 숭고의 대상이 될 수 없다고 판단하고 금지한 모든 것, 즉 괴물성, 여성성, 과잉적 열정과 광신 등이 넘쳐흐르는 존재가 된다는 점에서 이 소설은 《판단력 비판》을 비튼 것으로서, 비체화를 통해 체험할 수 있는 여성적 숭고를 보여준다.[51] 여기서 괴물은 공포와 혐오를 불러일으키는 극단적으로 극명한 타자이자 무엇으로 규정되기 힘든 어떤 것이다. 그것은 이성과 윤리적 이념을 선험적으로 지니고 있는 남성적 자아가 통제할수 없고 따라서 쾌로 전이될 수 없는 불쾌하고 공포스러운 비체다.

그렇다면 메리 셸리는 왜 이토록 '괴대한' 괴물, 무엇으로 규정되기 힘든 비체로서의 괴물을 소설을 통해 창조했을까? 태어난 지 열흘 만에 어머니를 잃고, 아버지의 휘하에 모인 남성 문인들 사이에서 끊임없이 창작력과 펜의 출산력이 부족한 자신을 탓하고, 아버지의 제자인 유부남 퍼시 비시 셸리와 사랑의 도피 행각을 벌이며, 결혼도 하지 않은 상태에서 아이들을 출산했으나 아이들을 일찍 잃고, 마침내 퍼시 비시 셸리의 부인이 자살하고서야 결혼식을 올릴 수 있었던 자신의 모습에서 메리 셸리는 '괴물'을 만들어내고, 자신을 투영한 것은 아닐까? 다시 말해 '여성'으로서의 성별을 지니고 정상적인 삶의 양식을 빗겨간 젊은 시절을 보냈던 자신을 스스로 극단적으로 타자화시키고 비체화시킨 산물이 빅터 프랑켄슈타인이 탄생시킨 '괴물'은 아니었을까? 그리고 글을 쓰는 여성으로서의 자의식과 시대가 규정하는 여성의 전형적인 모습 사이에 일어나는 괴리감은 익명으로 소설을 출간하는 것으로 이르지 않았나 추측해본다. "외모는 끔찍하지만 유창한 언변과 지적 해박함, 상당한 수준의 사고력을 지닌 지극히 '인간적인' 괴물은 작가 자신과 시대 사이의 괴리(작가가 의식했건 못했건), 혹은 어쩌면 그 시대 자체가 담고 있는 모순이 집약된 제3의 정체성이라고 볼 수 있다."[52]

다른 측면에서 보면 인간적인 모습을 지닌 괴물의 제3의 정체성은 해러웨이Donna Haraway의 '사이보그 페미니즘'에서 주장하는 혼종적 주체가 될 수 있다. 해러웨이는 서구의 백인 이성애자 성인 남성을 대표하는 인간 개념과, 인간/동물, 남성/여성, 문화/자연, 공적/사적 영역, 유기체/기계의 이분법에 기반한 계몽주의 전통의 서구 휴머니즘을 해체하고자 하는 점에서 포스트휴머니즘과 연계될 수 있다. 그는 〈사이보그 선언문〉에서 인간과 동물, 유기체와 기계 사이의 경계가 사라지는 20세기 후반의 지형도를 제시한다. 동물의 장기를 인체에 이식하는 것이 가능해지고, 인간이 동물을 반려적 존재로 인식하기 시작했다는 점, 그리고 현재 스마트폰과 같은 기계 없이는 살지 못하는 시대가 도래했고, 각종 인공관절과 같은 기계를 인체에 삽입하는 기술이 발전하고, 앞으로 과학기술이 더 발전한다면 인공자궁을 통한 재생산이 가능할 수도 있고, 컴퓨터나 로봇 안에 감정과 기억을 지닌 정신을 삽입할 수도 있으리라는 전망이 그것을 입증한다고 말한다. 여기서 해러웨이는 사이보그가 "인공 두뇌의 유기체로, 기계와 유기체의 잡종이며, 허구의 피조물일 뿐 아니라 사회적 실재의 피조물"[53]로, 사이보그의 성은 유성생식이 아니라 이성애에 저항할 수 있는 복제의 형태로 나타난다고 주장한다. 즉 사이보그는 젠더와 인종을 넘어서는 세계의 피조물이다. 더 나아가 "우리들은 모두 기계와 유기체의 이론화되고 제작된 잡종인 키메라"[54]이며, "사이보그"라고 선언한다.

해러웨이는 이 무궁무진하게 발전하는 과학기술의 시대에 여성들도 무조건적인 기술 공포증을 극복하고, 적극적으로 사이보그의 세계에 들어설 것을 촉구한다. 해러웨이가 "나는 여신보다는 차라리 사이보그가 되겠다"라고 선언하는 것은 근원적이고 본질적인 여성성을 상정하는 태곳적 어머니나 대지로서의 어머니 여신의 신화로 회귀하는 움직임에 반대하는 것이라고 말한다. 그는 본질적인 대문자 여성이란 존재하지 않음을 암시하며, 여성들 간의 차이에 기반한 혼종적인 주체로서의 여성과 그들 간의 연대를 제시한다. 유기체와 기계, 인간과 자연 사이에 분명한 구분이 없는 "복잡한 네트워크 상의 포스트 휴먼 사이보그들"로서, 이 주체들은 "유기적인 것과 비유기적인 것들의 합성물이 '역동적으로' 우글거리는 복잡하고 잡종의 네트워크의 매듭"이라는 것이다.[55]

해러웨이가 제시하는 휴머니즘의 이원론을 뛰어넘는 혼종성을 가진 사이보그의 효시가 되는 문학이 《프랑켄슈타인》이다. 빅터가 괴물을 창조한 후 그 모습에 절망하여 내뱉는 말에서 괴물의 혼종성이 드러난다.

> "나는 그의 팔다리를 비례에 맞도록 구성했고 아름다운 외모와 특징들을 골라 짜 맞추었다. 아름답게 말이다! 신이시여! 누런 피부는 그 밑에서 움직이는 근육과 동맥을 간신히 가리고 있었다. 검은 머리칼은 윤기를 내며 흘러내렸고 이는 진주처럼 희었다. 그러나 이런 화려함은 축축한 눈, 그것이 들어 낮은 희끄무레한 눈구멍과 색깔이 거의 비슷한 두 눈, 쭈글쭈글한 피부, 새까만 입술과 대조를 이루어 더욱 섬뜩하기만 했다."[56]

이러한 괴물에 대한 표현에서 우리는 이 괴물이 백인종이 아닌 유색인종이며, 남성인지 여성인지 기계인지 유기체인지 알 수 없는 경계에 있는 존재, 즉 인종, 젠더를 초월한 '혼종적' 존재임을 알 수 있다.[57] 이 괴물-사이보그가 특히 공포와 혐오를 불러일으키는 것은 가부장적인 미적 규범의 정반대점에 서 있다는 점에서다.

그러나 현대에는 괴물처럼 가부장적 미적 규범의 정반대점이 아니라 그 규범과 가치의 정점에 존재하는 사이보그들로 넘쳐난다. 각각의 혼종적 주체로서 연대하자는 해러웨이의 촉구와는 달리, 가부장적 미적 규범을 충실히 따르는 비유기체와 유기체가 혼용된 괴물들, 즉 사람들이 성괴(성형괴물)라고 부르는 사이보그들로 거리는 넘쳐난다. 강남의 성형외과에서 표준화된 미적 비율에 따라 비슷비슷하게 생긴 젊은 여성들은 미래의 어느 날 똑같은 규격에 똑같은 얼굴을 가진 사이보그들로 넘쳐나는 세상이 오지 않을까 하는 상상을 하게 하기도 한다. 사람들은 이 여성들이 비슷비슷한 얼굴을 가진 성괴라고 손가락질하지만, 나이에 따라 자연스럽게 몸이 불어나고 턱선이 사라지는 자연스러운 모습의 중년, 노년의 모습 또한 받아들이지 못한다. 이들이 원하는 것은 메스가 손대지 않은 젊은 자연미인이며, 나이가 들어서 보톡스나 성형시술을 하지 않아도 여전히 아름다운 여성이며, 노화가 매우 더디게 진행되는 신체다. 실제로 내 경우, 중년에 접어들면서 건강이 안 좋아져 몸이 많이 불었는데, 이 현상을 못 받아들인 건 내가 아니라 주변 사람들이었다. "이제는 얼굴이 완전 중년이네, 이를 어쩌나" "너 늙었다" "네 몸이 팽창하는 건 일단 멈춘 거 같아" "공포, 혐오에 대해서 글을 쓴다는데, 네 몸에 대해선 어떤 감정이 떠올라?" 등등의 발언을 들으며, 나는 사람들이 공포스럽고 혐오스럽게 받아들이는 것이 (특히 여성의 경우에 지탄받게 되는) 불어난 몸, 주름살, 노화라는 자연 현상이라는 것을 알게 됐다. 젊은 여성이라도 뚱뚱하고 못생기면 성격이라도 친절하고 착해야 한다는 편견을 그대로 보여주는 〈미녀는 괴로워〉(2006) 유의 영화는 전신성형을 거쳐 사이보그화된 여성이 고운 심성까지 잃지 않는다면 얼마나 금상첨화인가 하는 남성적 판타지를 담고 있다.

이러한 현상은 현대에 국한된 것이 아니다. 일련의 여성 사이보그가 등장하는 영화들은 단순히 여성들이 과학기술 문명을 두려워하지 않고 사이보그화되기 이전에 더 중요한 것이 있음을 시사한다. 레르비에Marcel L'Herbier에 감독의 〈비인간〉(1924)은 〈메트로폴리스〉(1927)에 앞서 최초의 사이보그 SF영화이자, 모더니즘의 극을 보여주는 1920년대 무성영화다. 주인공 여가수의 콘서트 장면에서는 2,000명 가량의 당대의 문화 예술계 인사들을 초대해 촬영했다 한다. 건축, 음악, 영상이 어우러지는 영화로서 1920년대 영화가 어떻게 종합예술이 될 수 있었는지를 보여준다.

주인공 여가수는 파티에서 우연히 젊은 과학자를 만난다. 여가수의 꿈은 콘서트를 두 번만 더 하고 세계 여행을 떠나는 것이다. 젊은 과학자는 여가수에게 매혹되고 그녀에게 사랑을 구걸하지만 냉정하고 비인간적인 마음을 가진 여가수는 과학자를 조롱하고 마음을 받아들여주지 않는다. 이때 과학자는 자살로 위장하여 여가수의 마음에 자책감이 들게 하고 자신의 저택으로 유인하여 여가수를 다시 만난다. 그는 여가수에게 갖가지 현대 문물을 보여준다. 대표적인 것이 무선통신 체계와 텔레비전이다. 여기서 등장하는 텔레비전은 현재 대리점에서 판매하는 LCD 텔레비전과 거의 흡사하다. 남성 과학자는 여가수에게 당신은 굳이 여행을 떠나지 않아도 무선통신을 통해서 당신의 목소리는 세계를 여행하고 세계의 모든 사람들이 당신의 목소리를 들을 수 있다고 말한다. 남성 과학자와 여가수는 사랑에 빠지지만, 그들의 관계를 질투한 인도 왕자에 의해 여가수는 죽음을 맞이하고, 젊은 남성 과학자는 자신이 만든 죽은 사람들 되살리는 기계, 즉 사이보그를 만드는 기계를 처음으로 작동시켜 여가수를 다시 소생시킨다. 그리고 죽음에서 깨어난 여가수는 나를 다시 살게 한 것은 바로 '사랑'이었다고 말하면서 영화는 해피엔딩으로 막을 내린다. 최초의 사이보그 영화지만, 남성중심적 과학기술 문명 사회에서 요구하는 여성 사이보그는 결국 남성적 질서가 부여하는 젠더 정체성을 따를 수밖에 없음을 보여주는 영화다. 여성은 아름답고, 부드럽고 수동적이며 연약한 마음씨를 지녀야 한다는 관념이 사이보그에게도 요구되는 것이다.

스콧Ridley Scott 감독의 〈블레이드 러너〉(1982)에 등장하는 여성 사이보그도 비슷한 관념을 보여준다. 때는 2019년. 블레이드 러너의 여성 사이보그 레이첼은 자신이 사이보그인지조차 모르는 존재다. 그리고 남자주인공(해리슨 포드)은 다른 행성에서 지구에 돌아와 숨어 사는 복제인간들을 사살하라는 명령을 받고 그들을 추격하고 죽인다. 이 명단에 여성 사이보그 레이첼도 포함되지만 둘은 사랑에 빠지고, 영화는 해리슨 포드가 레이첼을 데리고 도망가는 것으로 끝난다. 해리슨 포드가 레이첼에게 요구하는 것은 정형화된 여성의 성역할이다. 〈비인간〉이 제작된 지 60년이나 흐른 후에 제작된 영화지만, 레이첼은 유약하고, 섬세하고, 아름다우며, 매우 예민해, 자신의 운명을 선택할 수 없는 전형적인 여성으로 등장한다.

한국의 설치미술가 이불의 작품 〈사이보그 W5〉(1999)는 남성이 과학기술을 독점하는 시대, 여성 사이보그 신체가 어떻게 남성중심적 미적 규범과 이데올로기에 지배당하는 지를 보여준다. 이 작품은 성형수술에 사용되는 의학용 실리콘과 안료를 재료로 제작했다. 이 작품에 등장하는 여성은 관능적 육체미를 과시하고 있으나, 팔다리가 잘리거나 생체기관이 없는 기형의 신체를 하고 있다. 작가는 기형적인 여성 사이보그 신체 표현을 통해 남성중심의 왜곡된 미적 시선과 규범을 명시하고 있다고 볼 수 있다. 즉 "하이테크의 산물인 사이보그 혹은 괴물의 신체에서조차 여성성은 전통적인 남성중심의 이데올로기에 의해 지배당하고 있다는 사실을 드러내고 있다. 즉, 하이테크놀로지가 여성의 신체를 로봇과 같이 강인하고 완벽하게 변화시킬지라도, 여성성의 표현은 여전히 전통적인 남성 지배 혹은 남성 우위의 가치관과 고정관념으로부터 벗어날 수 없다는 점"[58]을 고발하고 있다.

이러한 영화나 설치작품에 등장하는 여성 사이보그들을 고찰해볼 때, 문제는 단순히 나는 '사이보그'가 되겠다고 선언하는 것이 중요한 것이 아니다. 과학기술을 여성들이 받아들일 때, 그것이 갖는 반여성적인 독소를 잘 살펴봐야 한다. 난자 제공자가 되어 유전공학의 발전에 도모하거나, 고통스러운 난임 치료를 받는 등, 더러 과학기술이 여성의 신체에 대한 침략을 내포하고 있는 것은 아닌지를 살펴봐야 한다. 그래야만 자연으로 돌아가고자 하는 에코페미니즘적인 대안이 아니라 과학기술 문명의 시대 여성을 위한 새로운 사이보그 존재론이 탄생할 수 있을 것이다.

이를 위해서 남성 예술가들이 아니라 여성 작가에 의해 형상화되는 혼종적인 주체로서의 사이보그를 급진적으로 보여주는 소설《프랑켄슈타인》으로 다시 돌아가야겠다. 그리고 혼종적 주체로서의 사이보그들이 만나고 연대하는 잡종의 네트워크를 가능하게 하는 것은 이러한 존재들의 소수자성이라는 것을 밝혀야 할 것이다. 흔히 과학기술의 오남용에 대한 경고로 읽혀지는 소설《프랑켄슈타인》은 일종의 소수자 문학이라고 볼 수 있다. 이 괴물은 지적으로 뛰어나고, 감수성이 풍부하며, 언변이 뛰어나는 등 인간적인 모습이 깃들어 있지만 흉측한 몰골로 인해 괴물로 낙인찍히는 이 피조물의 모습은 '정상'이라고 규정된 정체성과는 다른 정체성을 지녔기에 사회에서 낙인찍히는 소수자의 모습이 투영되어 있다.

괴물은 빅터 프랑켄슈타인에 의해 창조된 이후, 사람들과 교류하고 그들로부터 사랑받기를 갈구하지만, 8피트의 거구와 흉측한 얼굴로 인해 사람들에게 박해받는다. 그는 물에 빠진 농부의 딸을 구하지만, 농부는 오히려 그를 쫓아 낸다. 그리고 그는 어느 오두막에 사는 아버지, 아들, 딸로 구성된 한 가족을 엿보게 되고 그 아버지의 인자함과 아들과 딸의 성실함과 우애를 보고 그들의 일원이 되고 싶어 한다. 그러던 어느 날, 그는 앞을 못 보는 아버지를 찾아가 그들과 친구가 되고 싶다고 간청하지만, 갑자기 들어온 오두막에 들어온 가족들, 특히 아들은 괴물의 모습을 보고 그래서 그를 미친 듯이 쫓아내고, 결국 그들은 오두막을 버리고 이사를 가버린다. 이렇게 좌절된 인간관계에서 괴물은 인간에 대한 복수를 다짐하고 빅터의 남동생과 그의 친구 클레르발을 죽이고 빅터와 엘리자베스의 결혼 첫날밤에 엘리자베스를 살해하기에 이른다. 맨 마지막 장면에서 괴물은 죽은 빅터의 시신 앞에서 오열하며 다음과 같이 말한다.

"그래도 나는 사랑과 우정을 갈망했고 여전히 배척당했고. 그건 부당하지 않은 거요? 인간들은 모두 나에게 죄를 저지르는데 왜 나만 죄인 취급을 받아야 하오? 당신은 왜 팰릭스를, 자기 은인을 문전박대한 그는 미워하지 않는 거요? 자기 자식을 구해준 사람을 죽이려 한 시골 농부는 왜 탓하지 않는거요? 그래, 그들은 착하고 결백한 존재이기 때문이지! 나, 흉측하고 버림받은 이 기형아는 멸시당하고 따돌림받고 짓밟힐 운명이고. 그 부당함을 생각하면 지금도 피가 끓어오르오."[59]

우리 시대의 프랑켄슈타인은 사회의 규범성으로부터 벗어나, 낙인찍힌 마이너리티들이다. 그들은 정상적인 이성애 가족 규범의 틀을 벗어나 있는 동성애자, 양성애자, 혹은 역사 이래로 항상 남성들에 의해 교환되어 있지만, 정상적이라고 여겨지는 남녀 모두에게 혐오를 유발하고 배척당하는 창녀, 혹은 다른 피부색의 이방인, 여성미라곤 찾아볼 수 없는 추해서 '괴대'하게 느껴지는 여자들, 혹은 실제상황과는 달리 범죄의 원인이라 여겨져서 격리를 요한다고 생각되는 정신장애인들이다. 혹은 겉으로는 식별될 수 없지만 그런 잠재태를 지닌 자들이다. 현재 일어나고 있는 많은 범죄의 경우, 그것을 저지른 범죄자들이 정신병력이 없음에도 불구하고 자신의 정신병이 범죄의 원인이라고 거짓 진술을 하는데, 이러한 진술들은 실제 정신장애 환자들에 대한 불타오르는 혐오와 공포에 기름을 붓는 격이다.

특히 남성인지 여성인지, 기계인지 유기체인의 구분을 뛰어넘고 인종과 젠더를 초월하고 유성생식이 아니라 실험실이라는 인공자궁에서 태어나는 혼종적인 존재인 프랑켄슈타인의 이야기는 현대적인 시각에서 인터섹스[60]나 트랜스젠더와 같이 수술을 통해 성별을 결정하지만, 여전히 그 성별이 애매할 수 있는 성소수자의 이야기와 관련될 수 있다.

현대의학적 용어로 '반음양'으로 불리우는 '인터섹스'는 고대에서부터 일종의 괴물로 취급되어 왔다. 아가젠스키Sylviane Agacinski는 《성의 형이상학Métaphysique des sexes》에서 고대에 반음양hermaphrodisme으로 태어난 개인들은, 그 시대에 공포 섞인 혐오 속에서 배척당해 인간으로서 그 존재를 인정받지 못했음을 상기한다. "성적 애매함이 의심되거나 명백한 반음양으로 보이는 어른이나 아이들은 괴물이나 불길한 존재로 간주되어서, 그들은 공개적으로 추방당하거나 사형에 처해졌다. 이렇게 반음양은 해부학적으로 실제적인 변이로 추정됨에도 불구하고 실제가 아니라 상상 속에서는 반음양적 형상은 신격화되었다. 반음양androgynie은 "신성의 두 가지 극점"을 점유했다. 그 극점은 때로는 가상으로서 높은 가치를 부여받았으며, 때로는 불경한 인간의 비정상으로서의 저주받은 존재였다."[61]

이처럼 고대인들이 현실적인 세계에서는 반음양을 이상적 모델로 간주하지 않았음에도 불구하고 그들이 꿈꾸는 신적인 존재는 반음양이었다. 신의 형상에 따라 창조된 최초의 인간 아담 역시 반음양적 존재라는 가설이 존재한다. 랍비 자료집의 어떤 텍스트는 바로 첫 번째 인간은 남성과 여성을 동시에 갖춘 반음양으로 창조되었고, 여자와 남자로 되기 위해 둘로 분리되었다고 간주한다. 랍바는 다음과 같이 기술한다. "하느님이 아담을 첫 번째 인간으로 창조하셨을 때, 그를 양면으로 만든 후에 그를 톱으로 잘라, 등을 맞대게 했는데, 즉 (남자를 위한) 이쪽 등과 (여자를 위한) 저쪽 등이다."[62]

이처럼 고대인들은 실제적인 반음양을 환영하지는 않았지만 남성도 아니고 여성도 아닌 것, 즉 이것도 아니고 저것도 아닌 성적 중립을 꿈꾸었고, 이러한 꿈은 신을 닮고 싶은 인간의 욕망, 완전하고 완벽한 인간이 되고 싶은 이상과 연결된다. 왜냐하면 신들이나 전설 속의 인물만이 성적인 선택(양자택일)에서 벗어날 수 있기 때문이다.

이와 같은 고대인들이 성별을 초월한 존재, 여성이자 남성, 어머니이자 아버지인 신을 닮고 싶은 열망은 성별과 성별 이데올로기에 따른 위계화를 벗어난 제3의 정체성을 꿈꾸는 현대의 모든 사람들의 열망과 연결될 수 있다. 이러한 열망의 역사는 고대에서부터 지금에 이르기까지 매우 오래되었다는 사실이 신기하게 다가올 수도 있다. 그리고 고대인들의 상상 속에서나 가능한 이야기가 지금 현재의 혼종적 사이보그 존재론 속에서 현실화될 수 있다는 사실이 경이롭다.

사이보그 존재론에서 꿈꾸는 혼종적 주체는 고대인들이 신화를 통해 꿈꾸던 반음양으로서의 신적 존재처럼 탈성별화된 존재이며, 사이보그의 '생식'은 복제를 통해 가능하며, 유성생식을 거부한다. 이들은 출생에 의해 규정되는 인간의 태생적 한계를 넘어선 존재들로서, 성별 이분법 뿐만 아니라 다른 인간의 태생적 조건들을 넘어선다. 즉, 이들은 금수저/흙수저, 백인/유색인종, 남성/여성 등 출생에 의해 결정되는 성, 인종, 계급의 차이를 넘어선다. 따라서 이러한 존재들이 연대하는 잡종의 네트워크에서는 2016년 한국을 강타한 태생적 금수저의 특권으로 말미암은 정유라 사태나, 2017년 한국을 강타한 권력과 출생의 특권이 뒤얽힌 '다스는 누구 것이냐' 등의 문제는 사라지고 무의미해질 것이다. 그리고 우리는 멀지 않은 시점에 이들 사이보그에게서 단지 칸트가 말하는 '괴대한 것', 정결한 것이 아니라 부정한 잡종적인 것에서 느끼는 혐오와 공포가 아니라, 태생적 한계를 넘어서는 존재에 대한 또 다른 차원의 '숭고'를 느낄 수 있을 것이다.

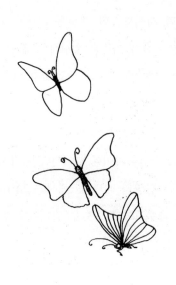

맺음말

혼종적 존재로서의 여성들의 이야기를 담은 영화 〈조류인 간〉(2014)은 감독이 실제로 트랜스젠더 수술을 받은 지인의 이야기를 듣고 영감을 받아 영화로 만들어졌다고 한다. 이 영화는 새가 되고 싶어 새가 되기 위한 수술을 받기 위해 긴 여정을 떠나는 여자들의 이야기다. 가만히 들여다보면 이 영화에서 새가 되고 싶은 사람들은 모두 여성이고, 수술 을 받게 하기 위해 알선해주는 사람이나 수술을 하는 사람 들은 남성들이다. 그 여자들은 남편이나 다른 가족 관계 속 에서 남성중심적 젠더 위계 관계를 벗어나 자유로이 창공 을 나는 자유로운 존재로 탈바꿈하고자 한다. 그들은 자신 들의 내면에 살아 숨 쉬는 것들을 공포스럽고 낯선 괴물과 같은 것이 아니라 또 하나의 새로운 자기의 모습, 자유롭고 아름답게 변모할 잠재태로 받아들인다. 깊은 산중의 동굴에 있는 알 속에서 10년을 버텨야 하는 인고의 세월을 거쳐 한 여인은 새가 되었고 다른 한 소녀는 새가 되고 싶은 열망과는 달리, 몸이 "새가 되는 수술"을 견뎌내지 못할 것으로 판명되어 세속으로 돌아간다. 10년 후 성인이 된 소녀는 새가 된 다른 여인의 남편과 함께 그 동굴로 돌아온다. 남편은 10년 동안 갑자기 사라진 아내의 행방을 찾아왔고, 드디어 아내가 알을 깨고 새로 거듭나는 현장을 목격하지만, 여전히 왜 아내가 자기를 떠났고 왜 새가 되고 싶어했는지 그가 깨달았을지는 미지수다. 성인이 된 소녀는 창공을 날며 자유를 만끽할 새가 된 여인을 부러워하지만, 실제로 새가 된 기분과 그 생활이 어떨지는 알 수가 없다. 그리고 새가 되는 꿈은 그녀에게 영원히 불가능한 것으로 남는다.

*　*　*

여기 나비가 되고 싶었던 소녀가 있다. 아무도 평범한 그녀의 외면을 보고 그 내면에 살아 숨 쉬는 작지만 원대한 꿈이 무엇인지 가늠하지 못한다. 어리고 연약한 소녀는 성장했고, 성인이 되어 수업을 듣는다. 평화로운 오후의 햇살이 내리쬐는 작은 강의실에서 직사각형으로 테이블을 맞대고 원형으로 모인 사람들이 세미나를 하고 있다. 발제를 맡은 한 중년 여성이 누에고치의 세월을 견디고 "나비가 되고 싶었던" 어떤 여자의 이야기를 읽는다. 다른 과 학생이었기 때문에 나는 그분에 대해서 하나도 아는 것이 없다. 한순간 그 여성은 폭풍 같은 눈물을 흘린다. 강의실 안의 모든 사람이 그녀를 쳐다본다. 그 순간 시간이 정지된다. 그때 그 눈물의 의미를 이해하기에 나는 너무 젊었던 것 같다.

세월이 흐르고 눈물을 쏟던 그 중년 여성보다 몇 살 쯤은 더 나이를 먹었던 어느 날, 문득 '새가 되고 싶었던' 젊은 여성들에 관한 영화를 보았다. 모두가 "너는 병들었고, 네 인생은 실패했다. 게다가 너는 생활능력을 상실한 루저다"라고 반복적으로 내게 외치는 것만 같은 나날들을 지내고, 그 외침들을 잊기로 한 어떤 밤이었다. 사람의 외면을 가지고 있지만 '새'의 잠재태를 지니고 있기에 일상 생활 속에서 먹는 것도, 자는 것도 힘든 여자들. 큰 여행 가방을 짊어지고 겨울 산에 쌓인 가파른 눈밭을 힘겹게 올라가는 고생도 새bird로 다시 태어나게 해줄 수술을 해주는 사람을 만나 '새가 되고자 하는' 열망 속에서 즐겁기만 하다. 그렇게 두 여자는 눈 쌓인 겨울밤, 침낭 속에서 들어가 하늘에 반짝이는 수많은 별을 바라보다가 새가 되기로 약속하며 순간, 감출 수 없는 환희를 맛본다. 꿈은 비루한 현실과 일상을 정지시킨다. 정상적인 세계에서 표준적인 사람들 앞에서 새가 되고자 하는 열망을 공표한다면 '미친년'이나 '이상한 여자'라고 낙인찍는 현실을 뒤로하고 그들은 생의 기쁨과 환희 속에서 다시 태어나려 한다. 새가 되는 시간이 10년이나 걸릴지라도. 그들에게 일상이 공포스러운 것 보다 사람들이 그들을 공포스럽게 생각하는 시간이 더 견디기 힘들었다. 그들은 이제 10년의 세월을 딛고 저 창공을 훨훨 날아갈 것이다.

공포를 유발하는 그 모든 것이 나의 꿈과 함께 내 안에 뒤섞여 있다. 내가 그들을 무서워하는 만큼, 그들은 나를 혐오스러워한다. 나는 벌레다. 사람들이 흔히 말하는 온갖 '충'의 부정적 규정 속에 나에 해당하는 것을 헤아려보는 것은 어렵지 않다. 그런데 나는 정말로 무섭고 징그러운 벌레일까? 나도 한때는 나비가 되고 싶었다. 아직도 사람들이 괴물같이 흉물스럽다고 느끼는 누에고치 속에서 그 기약 없는 세월을 견디고 있다. 그러나 정말로 '언젠가', 어느날 불현 듯 찾아온 병을 앓고 있던 나는 나비가 될 수 있을까? 아니면 혹시 먼 옛날의 현인이 말했듯이, 내가 나비인지 나비가 나인지 구별할 수 없는 꿈을 꾸고 있는 것일까? 이 세상은 내가 나비가 되는 것을 용인하지 않을 수도 있다. 그렇다 해도 나는 여전히 불가능한 꿈을 꾸고 있다. 그리고 이 사회 속에서 타자화된 소수자로서 타인에게 용인받고 인정받기 위해, 다른 타자를 품는 법을 배우려 한다.

20년도 더 지난 지금, 강의실에서 울던 그 중년 여성, 이름도 모르고 살아온 환경도 모르고 왜 울었는지에 대한 사연도 모르지만, 그 사람을 만난다면 나는 미소 짓고 싶다. 왠지 그분은 내 웃음을 흉측한 메두사의 것이나 벌레의 것이 아닌 편견 없이 있는 그대로 받아들일 수 있다고 생각한다. 그것은 나는 당신에 대해서 아무 것도 알지 못하지만, 그럼에도 불구하고 나는 당신을 알아본다는 미소다. 그리고 서로 마주 본 그 웃음 속에서 공포와 환멸이 희미한 자취를 남기며 사라지는 세상을 한 번 꿈꿔본다.

참고문헌

〈단행본〉

기 드 모파상, 〈공포〉, 《기 드 모파상》, 최정수 옮김, 현대문학.

_____, 《밤, 악몽》, 송의경 옮김, 문학동네, 2013.

김주현, 《외모 꾸미기 미학과 페미니즘》, 책세상, 2016.

다나 해러웨이, 《유인원, 사이보그, 그리고 여자》, 민경숙 옮김, 동문선, 2002.

러브크래프트, 《공포 문학의 매혹》, 홍인수 옮김, 북스피어, 2012.

_____, 《하워드 필립스 러브크래프트》, 김지현 옮김, 현대문학, 2014.

마사 너스바움, 《혐오와 수치심: 인간다움을 파괴하는 감정들》, 조계원 옮김, 민음사, 2015.

메리 셸리, 《프랑켄슈타인》, 오숙은 옮김, 열린책들, 2014.

메리 울스톤크래프트, 《여권의 옹호》, 손영미 옮김, 연암서가, 2014.

미카엘 드 생 쉐롱, 《엠마뉴엘 레비나스와의 대담》, 김웅진 옮김, 동문선, 2008.

박가분, 《일베의 사상》, 오월의 봄, 2015.

박권일, 《지금, 여기의 보수주의》, 모멘툼 vol.1, 자음과 모음, 2014.

박덕규, 《불안, 공포의 이해와 극복》, 배영사, 1994.

발터 비멜, 《하이데거》, 신상희 옮김, 한길사, 1997.

브누아트 그루, 《올랭프 드 구주가 있었다》, 백선희 올김, 마음산책, 2014.

쇠렌 키르케고르, 《공포와 전율》, 이기상 옮김, 서광사, 1987.

스티브 존슨, 《원더랜드》, 홍지수 옮김, 프런티어, 2016.

시몬느 드 보부아르, 《노년 1》, 홍상희·박혜영 옮김, 인간사랑, 1994.

_____, 《노년 2》, 홍상희·박혜영 옮김, 인간사랑, 1994.

어네스트 베커, 《죽음의 부정》, 김재영 옮김, 인간사랑, 2008.

에드먼드 버크, 《숭고와 아름다움의 이념의 기원에 대한 철학적 탐구》, 김동훈 옮김, 도서출판 마티, 2009.

_____, 《프랑스 혁명에 관한 성찰》, 이태숙 옮김, 한길사, 2017.

에바 일루즈, 《낭만적 유토피아 소비하기: 사랑과 자본주의의 문화적 모순》, 박형신 권오헌 옮김, 이학사, 2014.

_____, 《사랑은 왜 아픈가: 사랑의 사회학》, 김희상 옮김, 돌베개. 2014.

에른스트 T. A. 호프만, 《모래 사나이》, 김현성 옮김, 문학과 지성사, 2001.

에우리피데스, 《메데이아》, 송옥 옮김, 동인, 2012.

엘렌 식수, 《메두사의 웃음/출구》, 박혜영 옮김, 동문선, 2004.

엘프리데 옐리네크, 《욕망》, 정민영 옮김, 문학사상사, 2006.

움베르토 에코, 《추의 역사》, 오숙은 옮김, 열린책들, 2008.

이대순, 《공황장애, 그 죽음 불안을 넘어서》, 시그마프레스, 2014.

이현재, 《여성혐오 그후, 우리가 만난 비체들》, 도서출판 들녘, 2016.

이마누엘 칸트, 《이마누엘 칸트, 판단력 비판》, 김상현 옮김, 책세상, 2013.

_____, 《이성의 한계 안에서의 종교》, 신옥희 옮김, 이화여자대학교 출판부, 2015.

_____, 《판단력 비판》, 백종현 옮김, 아카넷, 2015.

임옥희, 《젠더, 감정, 정치》, 도서출판 여이연, 2016.

주디스 버틀러, 《불확실한 삶》, 양효실 옮김, 경성대학교 출판부, 2008.

줄리아 크리스테바, 《공포의 권력》, 서민원 옮김, 동문선, 2001.

지그문트 바우만, 《유동하는 공포》, 함규진 옮김, 웅진 씽크빅, 2009.

F. 짐머만, 《실존철학》, 이기상 옮김, 서광사, 1987.

캐롤린 코스마이어, 《페미니즘 미학 입문》, 신혜경 옮김, 경성대학교 출판부, 2009.

토머스 드 퀸시, 《예술분과로서의 살인》, 유나영 옮김, 제안들 3, 2006.

토마스 벌핀치, 《그리스 로마 신화》, 이윤기 편역, 도서출판 창해, 2009.

테리 이글턴, 《악: 우리 시대의 악과 악한 존재들》, 오수원 옮김, 이

폴 리쾨르, 《악의 상징》, 양명수 옮김, 문학과 지성사, 1994.

지그문트 프로이트, 〈여성성〉, 《새로운 정신분석 강의》, 임홍빈·홍혜경 옮
김, 열린책들, 2008.

_____, 〈두려운 낯설음〉, 《예술, 문학, 정신분석》, 정장진 옮김, 열린책들,
2014.

프랭크 프레리, 《우리는 왜 공포에 빠지는가》,, 박형신·박련진 옮김, 이학
사, 2011.

프리드리히 니체, 《자라투스투라는 이렇게 말했다》, 정경석 옮김, 을유문
화사, 1990.

하이데거, 《존재와 시간》, 이기상 옮김, 까치글방, 1997.

_____, 《형이상학이란 무엇인가?》, 최동희 옮김, 서문당, 1987.

한나 아렌트, 《예루살렘의 아이히만: 악의 평범성에 대한 보고서》, 김선옥
옮김, 한길사, 2014.

찰스 프레드 앨퍼드, 《인간은 왜 악에 굴복하는가》, 이만우 옮김, 황금가지,
2004.

Barbara Claire Freeman, *The feminine sublime gender and excess in women's
fiction*, Berkeley: University of California Press, 1997.

E. Lévinas, *Autrement qu'être ou au-delà de l'essence*, Kluwer Academic,
2008.

Juila Kristeva, *Pouvoirs de l'horreur*, Editions du Seoul, 1980.

_____, *Etrangers à nous-mêmes*, Gallimard, 2007.

Lars Sevendsen, *A Philosophy of Fear, Reaktion book*, London, 2008.

Nel Noddings, *Caring*, University of California Press, 1984.

Sarah Kofman, *L'enigme de la femme*, Livre de poche, 1994.

Sylviane Agacinski, *Métaphysique des sexes*, Seuil, 2005.

〈논문〉

강지희, 〈오정희 소설에 나타난 숭고〉, 이화여자대학교 대학원 석사논문, 2011.

김남이, 〈촉각의 현상학과 이리가레의 여성 주체성〉, 《여/성이론》, 도서출판 여이연, 2014, 겨울, 31호.

성일권, 〈올랭프 드 구주의 말과 글, 그리고 혁명적 페미니즘〉, 《프랑스 문화 연구》, 제21집, 2010.

이봉지, 〈엘렌 식수와 뤼스 이리가레에 있어서의 여성성과 글쓰기〉, 《프랑스 문화 연구》, 제6집(2001. 5).

이혜진, 〈이상한 경계의 피조물: 해러웨이의 《유인원, 사이보그, 여자》〉, 《여성연구논집》, 제24호(2013).

하수정, 〈다나 해러웨이의 사이보그 페미니즘과 혼종적 주체: 《프랑켄슈타인》의 괴물을 중심으로〉, 《영미 어문학》, 118호(2015. 9).

황주영, 〈페미사이드(femicide)〉, 《여/성이론》, 2013 여름, 28호.

Barbara Claire Freemanm, "Feminine Sublime", *Encyclopedia of Aesthetics*, Micael Kelly, New York: Oxford University Press, 1998.

〈인터넷 자료〉

"공포증", 다음백과사전 http://100.daum.net/encyclopedia/view/b02g0740a

"메르스 사망자, 수의도 없이 비닐팩 담겨 화장터로." 〈메르스 현황〉 티브이 데일리, 2015년 6월 26일, 한예지 기자 http://tvdaily.asiae.co.kr/read.php3?aid=1435300625931610016

"대구 지하철 참사 유족, "세월호 시작도 안했다" 프레시안, 2016. 01. 05http://www.pressian.com/news/article.html?no=132243

"○○충(蟲)·헬(Hell)조선… '혐오 수위'도 넘었다", 헤럴드경제, 2015.9.14, http://news.heraldcorp.com/view.php?ud=20150914000742&md=20150914122130_BL

"혐오", 위키백과, https://ko.wikipedia.org/wiki/퍼센트ED퍼센트98퍼

센트90퍼센트EC퍼센트98퍼센트A4.

"할로윈에 돌아보는 프랑켄슈타인 또는 현대의 프로메테우스", nomodem, 슬로우 뉴스, http://slownews.kr/59331

사이보그 W5, 이불(한국미술 산책), 네이버 지식백과, http://terms.naver.com/entry.nhn?docId=3567945&cid=58863&categoryId=58863

"kayak anxiety" in Mental Disorders in Greenland, Past and Present . https://books.google.co.kr/books?id=acupi0oB8wwC&pg=PA19&dq=kayak+anxiety&hl=ko&sa=X&ved=0ahUKEwit0qqJ7o7YAhWLJpQKHSzJAHIQ6AEINTAC#v=onepage&q=kayak%20anxiety&f=false

주

1부 공포가 철학을 만나는 시간

1   토마스 벌핀치, 《그리스 로마 신화》, 이윤기 편역, 도서출판 창해, 2009, 150쪽.

2   기 드 모파상, 《밤, 악몽》, 송의경 옮김, 문학동네, 2013, 29쪽.

3   앞의 책, 29쪽.

4   러브크래프트, 《하워드 필립스 러브크래프트》, 김지현 옮김, 현대문학, 2014, 29쪽.

5   지그문트 바우만, 《유동하는 공포》, 함규진 옮김, 웅진 씽크빅, 2009, 76쪽, 107쪽.

6   박덕규, 《불안, 공포의 이해와 극복》, 배영사, 1996, 12쪽.

7   러브크래프트, 《공포 문학의 매혹》, 홍인수 옮김, 북스피어, 2012, 9쪽.

8   Lars Sevendsen, *A Philosophy of Fear, Reaktion book*, London, 2008, p.29.

9   *Ibid.*, p.34.

10   *Ibid.*, p.40.

11   마르틴 하이데거, 《존재와 시간》, 이기상 옮김 까치글방, 1997, 190쪽.

12   마르틴 하이데거, 《형이상학이란 무엇인가?》, 최동희 옮김, 서문당, 1987, 58쪽 참조.

13   마르틴 하이데거, 《존재와 시간》, 이기상 옮김, 까치글방, 1997, 197쪽.

14 앞의 책, 198쪽.

15 지그문트 프로이트, 《예술, 문학, 정신분석》, 정창진 옮김, 열린책들, 2014, 428쪽.

16 기 드 모파상, 〈공포〉, 《기 드 모파상》, 최정수 옮김, 현대문학, 2014, 215-216쪽.

17 "공포증", 다음백과사전 http://100.daum.net/encyclopedia/view/b02g0740a 괄호 안의 것은 필자가 수정한 것.

18 이대순, 《공황장애, 그 죽음 불안을 넘어서》, 시그마프레스, 2014, 35쪽.

19 Lars, Sevendsen, *A Philosophy of Fear*, p.38.

20 *Ibid.*

21 *Ibid.*, p.25.

22 어네스트 베커, 《죽음의 부정》, 김재영 옮김, 인간사랑, 2008, 173쪽.

23 위의 책, 173쪽.

24 F. 짐머만, 《실존철학》, 이기상 옮김, 서광사, 1987, 79-90쪽.

25 키르케고르는 《공포와 전율》에서 아브라함이 한 일은 윤리적으로 표현하면 이삭을 죽이려 한 것이고, 종교적으로 표현하면 이삭을 바치려고 한 것이며, 바로 이 모순 속에 사람들이 잠을 이루지 못하게 할 수 있는 불안이 있다고 본다. 이 사태에서 믿음을 제거하면 남는 것이 아브라함이 이삭을 죽이려 했다는 잔인한 사실이다. 아가멤논이 이피게니아를 제물로 바치는 식의 그리스의 비극적 영웅의 행위의 경우, 민족을 구하거나 국가의 이념을 주장하기 위해서거나 혹은 화를 내고 있는 신들을 달래기 위한 윤리적이고 보편적인 행위에 머물고 있다. 반면 아브라함의 행위는 윤리와 보편을 딛고 넘어서 있다. 그는 윤리나 보편의 매개를 허용하지 않고, 단독자로서 보편적인 것보다 높게 되었다. 따라서 이 윤리적인 것과 보편적인 것을 뛰어 넘는 믿음 속에서 단독자가 되는 것은 공포와 전율을 불러일으킨다. 그래서 이제까지 어떤 사상도 두려워하지 않았다는 키르케고르는 신 앞에 단독자로서 서는 아브라함의 행위와 그의 시간 앞에서 다음과 같이 고백한다. "이 사상을 나는 두려워한다. 이 사상은 이제까지의 것과는 다른 그 무엇을 나의 마음속에 불러일으킨다. 그렇기에 나는 이 사상을 생각하고 싶지 않다. 이

런 생각이 옳지 않은 것이라면, 필경 벌이 뒤따르지 않을 리 없다." 이처럼 신과의 관계에서 단독자로 서며, 이삭을 바치려 한 아브라함의 행동을 초윤리적이라고 바라보는 키르케고르의 사상에 보살핌 윤리의 한 갈래인 모성주의자로서의 넬 노딩스는 강력하게 반대한다.《케어링(Caring)》의 서론에서 노딩스는 도덕 철학에서 편재하는 아버지의 목소리와는 대립되는 '어머니의 목소리'와 여성적 윤리를 찬양하고 있다. 노딩스가 보기에 데미테르와 비교되는 아브라함의 행동은 어머니에게 끔찍한 것이며, 상호적 관계와 감응성을 중시하는 여성적 윤리에서는 받아들일 수 없는 것이다. "우리는 윤리학이 많은 부분에서 아버지의 언어로 기술되어 왔다고 말할 수 있다. 원리나 정리로 혹은 정당화, 공평성, 그리고 정의의 용어로 기술됐던 것이다. 어머니의 목소리는 침묵으로 남았다(…)이러한 권리나 원리에 의한 접근은 어머니의 접근 방식이 아니다. 그것은 어떤 개별자, 즉 아버지의 접근방식이다. 이 책에서 표현하고자 하는 관점은 여성적 관점이다. 그것은 전통적인 의미에서 수용성, 관계, 감응성으로 깊이 뿌리박혀 있다는 점에서 여성적이다."(Nel Noddings, *Caring*, University of California Press, 1984, p.1-2)

26 마르틴 하이데거,《존재와 시간》, 이기상 옮김, 까치글방, 1997, 338-339쪽.

27 위의 책, 352-355쪽.

28 시몬 드 보부아르,《노년1》, 홍상희·박혜영 옮김, 인간사랑, 1994, 51쪽.

29 시몬 드 보부아르,《노년 2》, 홍상희·박혜영 옮김, 인간사랑, 1994, 35쪽.

30 주디스 버틀러,《불확실한 삶》, 양효실 옮김, 경성대학교 출판부, 2008, 12쪽.

31 위의 책, 12쪽.

32 E. Lévinas, *Autrement qu'être ou au-delà de l'essence*, Kluwer Academic, 2008, p.168.

33 *Ibid.*, p.185-186.

34 미카엘 드 생 쉐롱,《엠마누엘 레비나스와의 대담, 1992-1994》, 김웅진 옮김, 동문선, 2008.

35 주디스 버틀러, 《불확실한 삶》, 187쪽.

36 앞의 책, 187쪽.

37 에바 일루즈, 《사랑은 왜 아픈가: 사랑의 사회학》, 김희상 옮김, 돌
베개, 2014, 11-13쪽 참조.

38 "메르스 사망자, 수의도 없이 비닐팩 담겨 화장터로…"〈메르스 현
황〉, 티브이 데일리, 6월 26일, 한예지 기자 http://tvdaily.asiae.
co.kr/read.php3?aid=1435300625931610016.

39 마사 너스바움, 《혐오와 수치심: 인간다움을 파괴하는 감정들》, 조
계원 옮김, 민음사, 2015(ebook), 354쪽.

2부 공포와 혐오, 그리고 악의 소용돌이 속에서

1   "○○충(蟲) · 헬(Hell)조선… '혐오 수위'도 넘었다", 헤럴드경제,
2015. 9. 14, http://news.heraldcorp.com/view.php?ud=2015091
4000742&md=20150914122130_BL.

2   "혐오", 위키백과, https://ko.wikipedia.org/wiki/퍼센트ED퍼센
트98퍼센트90퍼센트EC퍼센트98퍼센트A4 괄호 안은 필자가 수
정한 것. 이현재, 《여성혐오 그후, 우리가 만난 비체들》, 도서출판 들
녘, 2016, 32쪽을 참조.

3   폴 리쾨르, 《악의 상징》, 양명수 옮김, 문학과 지성사, 1994, 40쪽.

4   마사 너스바움, 《혐오와 수치심: 인간다움을 파괴하는 감정들》, 조
계원 옮김, 민음사, 2015(ebook), 333쪽.

5   앞의 책, 341쪽. 괄호 안의 것은 필자가 수정한 것.

6   위의 책, 350쪽.

7   위의 책, 403~404쪽.

8   위의 책, 349쪽.

9   줄리아 크리스테바, 《공포의 권력》, 서민원 옮김, 동문선, 2001, 21쪽.

10 위의 책, 23쪽.

11 위의 책, 122쪽.

12 위의 책, 151쪽.

13 위의 책, 155쪽.

14 위의 책, 155쪽.

15 지그문트 프로이트, 〈여성성〉, 《새로운 정신분석 강의》, 임홍빈·홍
    혜경 옮김, 열린책들, 2008, 181-182쪽.

16 이처럼 남성이 여성 성기 앞에서 느끼는 공포는 프로이트의 〈메두
    사의 머리〉에 나타난 메두사 신화에 잘 형상화되어 있다. 그리스
    신화에 등장하는 메두사는 고르곤의 세 자매 중 한 사람인데, 아테
    나의 저주를 받아 머리카락이 뱀들로 변했고, 얼굴도 흉측하게 변
    했다. 그리고 이 메두사의 얼굴을 본 사람은 돌이 된다고 전해진다.
    페르세우스가 그 목을 자르고, 아테나 여신이 방패에 잘린 메두사
    의 머리를 붙였다. 사람들은 이것을 본 사람 역시 돌이 된다고 믿었
    다. 프로이트에 따르면 목을 자른다는 것은 거세를 의미하며, 잘린
    메두사의 머리는 거세된 여성 성기를 의미한다. 그 때문에 메두사
    가 불러일으키는 공포감은 소년이 털로 뒤덮인 성인 여성의 성기,
    즉 어머니의 성기를 보았을 때 느끼는 거세의 공포이다. 메두사의
    머리를 본 사람이 공포에 질린 나머지 돌이 된다는 것은 돌처럼 딱
    딱해지는 발기를 뜻한다. 따라서 메두사로 재현되는 여성의 성기는
    성적 욕망을 불러 일으키는 동시에 공포를 불러 일으킨다.

17 프리드리히 니체, 《자라투스투라는 이렇게 말했다》, 정경석 옮김,
    을유문화사, 1990, 228쪽.

18 Sarah Kofman, L'enigme de la femme, Livre de poche, 1994, p.65.

19 아돌프 히틀러, 《나의 투쟁》, 마사 너스바움, 《혐오와 수치심: 인간
    다움을 파괴하는 감정들》, p.124에서 재인용.

20 Lar Svendsen, A Philosophy of Fear, reaktion books, 2011.

21 찰스 프레드 앨퍼드, 《인간은 왜 악에 굴복하는가》, 이만우 옮김, 황
    금가지, 2004, 28쪽.

22 앞의 책, 55쪽

23 앞의 책, 73쪽

24 테리 이글턴, 《악: 우리 시대의 악과 악한 존재들》, 오수원 옮김, 이
    매진, 2015, 108쪽.

25 앞의 책, 104쪽.

26 테리 이글턴, 《악》, 오수원 옮김, 이매진, 2010. 160쪽.

27 임마누엘 칸트, 《이성의 한계 안에서의 종교》, 신옥희 옮김, 이화여
    자대학교 출판부, 2015, 33쪽.

28   앞의 책, 41쪽.

29   신옥희, 〈칸트의 근본악과 신—《종교론》에 나타난 도덕적 신존재
      증명〉,《이성의 한계 안에서의 종교》, 241쪽.

30   "대구 지하철 참사 유족, '세월호 시작도 안했다'", 프레시안, 2016.
      01. 05. http://www.pressian.com/news/article.html?no=132243

31   임옥희,《젠더, 감정, 정치》, 도서출판 여이연, 2016, 96쪽.

32   지그문트 프로이트, 〈두려운 낯설음〉,《예술, 문학, 정신분석》, 정장
      진 옮김, 열린책들, 2014, 411쪽.

33   앞의 책, p.412.

34   Julia Kristeva, *Etrangers à nous-mêmes*, Gallimard, 2007, p.12.

35   *Ibid.*, p.269.

36   *Ibid.*, p.276.

37   *Ibid.*, p.284.

3부 공포와 미학

1   지그문트 프로이트, 〈두려운 낯설음〉,《예술, 문학, 정신분석》, 정장진
      옮김, 열린책들, 2014, p.432-433쪽.

2   아우구스트 스트린드베리,《꿈 연극》, 조성진, 홍재범 옮김, 연극과
      인간, 2011, 7쪽.

3   Lars Svendsen, *A philosophy of Fear*, Reaktion Books, 2007, p.73-74.

4   에드먼드 버크,《숭고와 아름다움의 이념의 기원에 대한 철학적 탐
      구》, 김동훈 옮김, 도서출판 마티, 2009, 27-28쪽.

5   "할로윈에 돌아보는 프랑켄슈타인 또는 현대의 프로메테우스",
      nomodem, 슬로우 뉴스, http://slownews.kr/59331

6   스티브 존슨,《원더랜드》, 홍지수 옮김, 프런티어, 2016, 222-226쪽.

7   Lars Svendsen, *A philosophy of Fear*, Reaktion Books, 2007, p.76.

8   에드먼드 버크,《숭고와 아름다움의 이념의 기원에 대한 철학적 탐
      구》, 김동훈 옮김, 도서출판 마티, 2009, 81쪽.

9   앞의 책, 79쪽.

10   앞의 책, 166쪽.

11   앞의 책, 84쪽.

12 앞의 책, 177쪽. 괄호 안의 것은 필자가 수정한 것

13 움베르토 에코,《추의 역사》, 오숙은 옮김, 열린책들, 2008. 16쪽.

14 에드먼드 버크,《숭고와 아름다움의 이념의 기원에 대한 철학적 탐구》, 김동훈 옮김, 마티, 2009, 93-94쪽.

15 Lars Svendsen, *A philosophy of Fear*, Reaktion Books, 2007, 81쪽.

16 *Ibid.*, p.76.

17 *Ibid.*, p.82.

18 박가분,《일베의 사상》, 오월의 봄, 2015, 151쪽.

19 위의 책, p.110쪽.

20 박권일, 〈공백을 들여다보는 어떤 넷우익이라는 '보편 증상'〉,《지금, 여기의 보수주의》, 모멘툼 vol.1, 자음과 모음, 2014, 18쪽.

21 황주영, 〈페미사이드(femicide)〉,《여/성이론》, 도서출판 여이연, 2013 여름, 28호, 196쪽.

22 에드먼드 버크,《숭고와 아름다움의 이념에 기원에 대한 철학적 탐구》, 김동훈 옮김, 마티, 178쪽.

23 에드먼드 버크《프랑스 혁명에 관한 성찰》, 이태숙 옮김, 한길사, 2017, 136, 142쪽.

24 Barbara Claire Freeman, *The feminine sublime and excess in women's fiction*, Berkeley; University of California Press, 1997, p.54.

25 김주현,《외모 꾸미기 미학과 페미니즘》, 책세상, 2016, 277쪽.

26 성일권, 〈올랭프 드 구주의 말과 글, 그리고 혁명적 페미니즘〉,《프랑스 문화연구》, 제21집, 2010. 269쪽. 브누아트 그루,《올랭프 드 구주가 있었다》, 백선희 옮김, 마음산책, 2014, 25쪽.

27 메리 울스턴크래프트,《여권의 옹호》, 손영미 옮김, 연암서가, 2014. 71-72, 96쪽.

28 앞의 책, 79쪽.

29 그러나 이성이 중요하고, 사랑과 감성은 부차적인 것이라고 강조한 메리 울스턴크래프트는《여권의 옹호》가 출간되고 얼마 후 미국인 인 임레이와의 사랑과 그의 변심에 고통받다가 템즈강에 몸을 투신하는 등의 두 번의 자살 시도를 한다. 이성에 기반한 여성의 독립을 주장했던 울스턴크래프트도 말년에는 굴곡지고 감성과 사랑에 지배당하는 삶을 살았다. 사회 통념에 저항하고 선구적인 삶을 산

여성들에게서 종종 발견되는 이성과 감성의 부조화로 인해, 이들은 종종 비극적인 결말로 삶을 마감한다.

30 숭고를 본격적으로 다루는 저서가 3세기 경에 나온 롱기누스의 〈숭고론〉이다. 〈숭고론〉은 "거대하고 압도적인 열정과 관련된 시적 표현 방식에 관한 수사학적 고찰"(움베르토 에코, 《추의 역사》, 271쪽)이다. 롱기누스는 최고의 수사학, 특히 웅변이나 연설에서 어떻게 청중을 감동시킬 수 있는가 하는 내용을 담고 있으며, 최고의 문체가 '숭고한 문체'라고 보았다. 그에 따르면 숭고한 문체는 듣는 이를 설득으로 이끄는 것이 아니라 황홀경으로 이끄는 것이다. 숭고한 문체는 우리가 저항할 수 없는 힘과 능력을 가지고 모든 듣는 이를 압도하는 것이다. 그러나 롱기누스는 이러한 강렬한 감성적 계기에 이성의 적절한 통제가 결합되어야 고상한 문체를 이룰 수 있다고 주장한다. (에드먼드 버크, 《숭고와 아름다움의 이념의 기원에 대한 철학적 탐구》, 22쪽)

31 Barbara Claire Freemanm, "Feminine Sublime", *Encyclopedia of Aesthetics*, Micael Kelly, New York: Oxford University Press, 1998, p.331.

32 임마누엘 칸트, 《판단력 비판》, 백종현 옮김, 아카넷, 2015, 269쪽.

33 앞의 책, p.270-271.

34 《이마누엘 칸트, 판단력 비판》, 김상현 옮김, 책세상, 2013, 167쪽.

35 임마누엘 칸트, 《판단력 비판》, 백종현 옮김, 아카넷, 2015, 276-277쪽.

36 Barbara Claire Freeman, "Feminine Sublime", *Encyclopedia of Aesthetics*, Michael Kelly, New York: Oxford University Press, 1998, p.331.

37 *Ibid.*, p.332.

38 *Ibid.*, p.332.

39 김남이, 〈촉각의 현상학과 이리가레의 여성주체성〉, 《여/성이론》, 도서출판 여이연, 2014, 겨울, 31호, 120-121쪽 참조 .

40 김주현, 《외모 꾸미기 미학과 페미니즘》, 책세상, 2016, 286쪽.

41 Barbara Claire Freeman, "Feminine Sublime", p. 331.

42 이봉지, 〈엘렌 식수와 뤼스 이리가레에 있어서의 여성성과 글쓰기〉,

《프랑스 문화연구》, 제6집(2001. 5) 50쪽.

43   엘렌 식수,《메두사의 웃음/출구》, 박혜영 옮김, 동문선, 2004, 22쪽.

44   Barbara Claire Freeman, *The feminine sublime gender and excess in women's fiction*, University of California Press, 1997, p.38.

45   여성의 신체를 비체화하는 전략은 키키 스미스의 작품〈꼬리〉에서 극명하게 드러난다. " 키키 스미스의 1992년 작품〈꼬리〉는 퍼포먼스가 아니라 보디 몰드를 이용한 조각이다. 기어가는 여성의 뒤로 긴 대변이 흘러나온다. 수많은 사람 앞에서 대변을 누어야 하는 상황, 이미 자신도 통제할 수 없을 정도로 망가진 몸은 수치스럽다" "키키 스미스는 여성의 신체에 담긴 가부장제의 부정적 함축을 체현한 작가다. 그녀는 가부장제 사회에서 몸의 훈육이 여성을 모욕하고 가체 절하해온 역사를 쉽게 떠나지 못한다. 가부장제에서 신체의 훈육은 언제나 여성을 성적 대상으로 만들었으며, 음탕하고 사악하며 발정 난 암컷으로만 규정해 왔다." (김주현《외모 꾸미기 미학과 페미니즘》, 2016, 272-273쪽)

46   이현재,《여성혐오 그후, 우리가 만난 비체들》, 들녘, 2016, 42-43쪽 참조.

47   캐롤린 코스마이어,《페미니즘 미학 입문》, 신혜경 옮김, 경성대학교 출판부, 2009, 261쪽.

48   Barbara Claire Freeman, *The feminine sublime gender and excess in women's fiction*, Berkeley; University of California Press, 1997, p.79.

49   임마누엘 칸트,《판단력 비판》, 백종현 옮김, 아카넷, 2015, 259-260쪽.

50   앞의 책, 260쪽.

51   Barbara Claire Freeman, *The feminine sublime gender and excess in women's fiction*, Berkeley; University of California Press, 1997, p.81.

52   하수정,〈다나 해러웨이의 사이보그 페미니즘과 혼종적 주체:《프랑켄슈타인》의 괴물을 중심으로〉,《영미어문학》, 118호(2015. 9), 297쪽.

53   다나 해러웨이,〈사이보그 선언문: 20세기 말의 과학, 기술, 그리고 사회주의적-페미니즘〉,《유인원, 사이보그, 그리고 여자》, 민경숙 옮김, 동문선, 2002, 267쪽.

54 키메라는 그리스 신화에 나오는 머리는 사자, 가슴은 양, 꼬리는 뱀이라는 가공 괴물로 서로 다른 종끼리의 결합으로 새로운 종을 만들어내는 유전학적 기술을 말한다. 복수 유전적으로 다른 세포를 갖는 동물을 키메라 동물이라 하는데, 키메라 쥐 외에도 양과 산양의 키메라나 닭과 메추리의 키메라 등이 개발되고 있다. 이종간 교배 기술에는 궁극적으로 인간과 동물의 결합까지도 포함된다.

55 이혜진, 〈이상한 경계의 피조물: 해러웨이의 《유인원, 사이보그, 여자》〉, 《여성연구논집》, 제24호(2013), 200쪽.

56 메리 셸리, 《프랑켄슈타인》, 오숙은 옮김, 열린책들, 2014, 85쪽.

57 하수정, 〈다나 해러웨이의 사이보그 페미니즘과 혼종적 주체: 《프랑켄슈타인》의 괴물을 중심으로〉, 《영미어문학》, 118호(2015. 9), 298쪽.

58 사이보그 W5 [네이버 지식백과]-이불(한국미술 산책), http://terms.naver.com/entry.nhn?docId=3567945&cid=58863&categoryId=58863

59 메리 셸리, 《프랑켄슈타인》, 오숙은 옮김, 열린책들, 2011, 279쪽.

60 인터섹스는 여성 성기와 남성 성기를 함께 가지고 태어난 사람을 지칭하는 말인데, 현대 의학에서는 인터 섹스를 질병으로 간주하고, 성정체성의 혼란을 막고 '정상화'를 위해 3세 이전에 성전환 수술을 해야 한다고 명시한다. 그러나 이러한 의학적 관점은 성 정체성을 선택하는 자율성을 침해한다. 이러한 성전환 수술은 아동 본인의 의사결정이 반영되지 않은 데다 아이의 성적 특징이 앞으로 어떻게 변화할지 모르는 상태에서 조기에 성별을 결정해 버린다는 비판이 제기될 수 있다.

61 Sylviane Agacinski, *Métaphysique des sexes*, Seuil, 2005, p 136.

62 *Ibid.*, p.131.

찾아보기

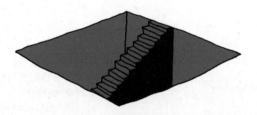